广州博物馆丛书 · 社教系列

穿粤记

发现广州宝藏

广州博物馆 著

广州新华出版发行集团
广州出版社
GUANGZHOU PRESS

图书在版编目（CIP）数据

穿粤记 : 发现广州宝藏 / 广州博物馆著 . — 广州 : 广州出版社 , 2024.4
ISBN 978-7-5462-3647-6

Ⅰ . ①穿… Ⅱ . ①广… Ⅲ . ①楼阁 – 名胜古迹 – 广州 – 通俗读物 Ⅳ . ① K928.74-49

中国国家版本馆 CIP 数据核字 (2023) 第 203229 号

书　　名 穿粤记——发现广州宝藏
Chuan Yue Ji ——Faxian GuangZhou BaoZang
责任编辑 卢嘉茜　李佰幸
责任校对 李少芳
插画设计 趣至文化
出版发行 广州出版社
（地址：广州市天河区天润路 87 号 9 楼、10 楼　邮政编码：510635
网址：www.gzcbs.com.cn）
印刷单位 广州市快美印务有限公司
（地址：广州市白云区广从五路 410 号一楼 103 房、二楼、五楼部分
邮政编码：510545　电话：020-23336155）
规　　格 787 毫米 ×1092 毫米　1/16
印　　张 11.5
字　　数 227 千
版　　次 2024 年 4 月第 1 版
印　　次 2024 年 4 月第 1 次
书　　号 ISBN 978-7-5462-3647-6
定　　价 58.00 元

发行专线：（020）38903520　38903521

广州博物馆丛书·社教系列

穿粤记
发现广州宝藏

丛书总序

2007年，国际博物馆协会（ICOM）对博物馆的定义进行了修改，定义博物馆是一个为社会及其发展服务的、向公众开放的非营利性常设机构，为教育、研究、欣赏的目的征集、保护、研究、传播并展出人类及人类环境的物质及非物质遗产。在这个定义中，博物馆的教育功能被提至极其重要的位置。2021年5月24日，为深化改革，持续推进我国博物馆事业高质量发展，中央宣传部、国家发展改革委、国家文物局等9部门联合印发《关于推进博物馆改革发展的指导意见》，为博物馆事业发展指明了方向。在新时代的背景下，博物馆事业发展不仅需要做好文物的征集、收藏、研究工作，还需要依托文物资源、文化场所做好历史文化的传播和面向社会大众的教育工作。

1928年10月24日，广州市召开第170次市行政会议，讨论当时广州市教育局代局长陆幼刚“请拨镇海楼设市立博物院”的提议。1929年2月，广州市立博物院正式成立，隶属广州市教育局，这足以证明其创立之初心是通过陈列展览“启发民智”，从而达到社会教育的效果。由此可见，广州博物馆从成立之日起，就被定位为重要的教育机构，发挥着强大的社会教育功能。作为华南地区首座公立博物馆，近百年来，广州博物馆一直秉承初心，在社会教育上狠下功夫，充分利用文物旧址、历史遗迹以及馆藏文物，以展陈为依托，以弘扬中华优秀传统文化和社会主义先进文化为出发点，先后策划推出了“营建·镇海楼”“园说”“越秀木棉红”“决战观音山”“碑刻里的广州”等社教活动，并形成了“消失的名菜”“穿粤记”等文化品牌。为了进一步扩大这些社教活动的覆盖面和影响力，我馆将对本馆的社教活动记录、自媒体宣传稿件等进行整理和加工，通过形式的美化、内容的优化、思想的深化，以儿童绘本、青少年读本等多种形式结集出版，旨在通过对各种社教活动的归纳总结，更好地发挥博物馆的社会教育功能。

党的二十大鲜明确立了团结带领全国各族人民全面建成社会主义现代化强国、实现第二个百年奋斗目标，以中国式现代化全面推进中华民族伟大复兴的中心任务，吹响了奋进新征程的时代号角。广州博物馆作为地方综合性历史博物馆，作为广州城市的文化标记，将积极响应党和国家号召，自觉承担起以中华优秀传统文化、社会主义先进文化、革命文化教育人民和引导人民的使命和任务，在文旅融合上下功夫，在文物活化利用上下功夫，推出更多更好的社会教育精品活动。

广州博物馆

2023 年 12 月

序言

党的十八大以来，以习近平同志为核心的党中央把文化建设提升到一个新的历史高度，用文化之光照亮民族复兴之路。2018 年 10 月，习近平总书记在视察广东时，要求广州实现老城市新活力，在城市文化综合实力等方面出新出彩。2019 年广州印发《广州市推动城市文化综合实力出新出彩行动方案》，提出着力打响红色文化、岭南文化、海丝文化、创新文化四大文化品牌。

2022 年 9 月 27 日，由广州博物馆策划主办的“‘读懂广州’系列文物展：百件文物读广州”在镇海楼展区专题展厅隆重开幕。展览展出“（秦）十四年属邦”铭文铜戈、“蕃禺”漆盒、唐端溪箕形砚、宋“水军修城砖”等 101 件（套）馆藏文物，展示广州作为岭南文化中心地、海上丝绸之路发祥地、民主革命策源地、改革开放前沿地的丰富历史人文沉淀，诠释广州四大文化品牌（红色文化、岭南文化、海丝文化、创新文化）的精神内涵，引导观众感悟历史，启迪未来，一展读懂广州。

为了配合展览宣传，本馆宣教部提议推出“读懂广州：文物会说话”系列广播剧。该广播剧以音频为载体，从展览中甄选 30 件有代表性和故事性的文物，通过生动有趣的语言演绎文物故事，使其更富知识性、趣味性和感染力。广播剧于

2022 年 9 月 28 日在广州博物馆微信公众号以及荔枝 App“广州博物馆”平台同步上线，30 集的广播剧点击量超 5 万次。

“读懂广州：文物会说话”系列广播剧推出后，取得了较好的社会反响。为了弥补儿童读物方面的空缺，广州博物馆联合广州出版社，以广播剧的脚本为基础，结合广州博物馆与广州酒家集团共同开发的文化品牌“穿粤记”的内容，以穿越的各朝代为背景，以主人公淘淘来广州博物馆参加“穿粤记”真人版游戏为主线，将 30 件文物串连成一个完整的故事。全书情节紧凑，语言生动，以“故事 + 绘画”的方式，力求用直观、活泼、生动的方式讲述文物背后的故事，以此助读者读懂广州历史。

《穿粤记——发现广州宝藏》是广州博物馆编撰出版的第一本儿童绘本读物，也是广州博物馆赓续历史文脉、谱写当代华章、探索青少年开展“读懂广州”教育新模式的一次探索性尝试，期待在未来我馆能继续给公众带来更多优秀的博物馆里文物的故事。

广州博物馆

2023 年 12 月

目录

秦汉篇 …… **1**

第 1 集　难道我穿越了？ …… 3

第 2 集　秦戈的身世之谜 …… 10

第 3 集　越式陶鼎请吃宫宴 …… 18

第 4 集　西汉铜熏炉花式熏香 …… 24

第 5 集　不像玻璃的西汉玻璃碗 …… 28

第 6 集　“歪果仁”陶俑座灯 …… 32

第 7 集　东汉陶船好威水 …… 36

唐宋篇 …… **43**

第 8 集　胡人俑差点误卖“胡瓶” …… 44

第 9 集　白釉军持的冷知识 …… 48

第 10 集　南汉铁花盆的“花花世界” …… 52

第 11 集　凤首执壶的乡愁 …… 58

明清篇 …… **63**

第 12 集　“无价宝”威尼斯银币 …… 64

第 13 集　高冷寒涛琴 …… 70

第 14 集　清贝雕百子桥“复活”了 74
第 15 集　“哥德堡号”茶精灵有请 80
第 16 集　“哥德堡号”青花瓷盘 86
第 17 集　花蝶纹广缎时装秀 90
第 18 集　探秘“鬼工球”迷宫 94
第 19 集　清代广钟技惊四座 101
第 20 集　叮！请查收来自广州的扇子 104
第 21 集　黑漆描金茶叶盒“密室探险” 108
第 22 集　解密香水瓶银器工坊 114
第 23 集　象牙细密画的求助 118
第 24 集　“高级定制”广彩汤窝 122
第 25 集　《长兴学记》有件要紧事 126
第 26 集　“石湾公仔”拍蚊公爱搞怪 130

民国篇 **137**

第 27 集　大元帅签发手令到！ 138
第 28 集　《黄埔潮》珍档揭秘 145
第 29 集　英雄证章亲历广州解放 148
第 30 集　广州解放升起的第一面五星红旗 152
第 31 集　终于回家啦！ 158

后记 **164**

秦汉篇

第1集 难道我穿越了？

淘淘从小就对历史特别感兴趣，家里的书架上摆满了历史书。同时，她也是广州博物馆的常客。

“嘀、嘀嘀、嘀嘀嘀、嘀嘀嘀嘀……”

19:57，闹钟响起。

终于等到闹钟响了，淘淘放下书，一边高呼了一声“妈妈——”，一边撒腿一路从房间跑到正在厨房干活的妈妈身边，拉着妈妈的衣袖催促道：“妈妈，快到八点了，我想要手机，我要报名参加真人版的‘穿粤记’。”

话说，什么是“穿粤记”呀？

“穿粤记”全称是“穿粤记——发现广州宝藏”，是广州博物馆以讲好广州故事为使命，结合“大富翁”（一种棋牌游戏）、飞行棋的经典玩法策划的一款针对青少年的游戏。玩家通过掷骰子，根据点数移动棋子，“穿越”到不同的朝代，在方寸棋盘之间读懂广州的历史与文化。游戏不定期开启，名额有限，先到先得（需家长陪同）。这次，广州博物馆以“镇海楼之夜”主题活动为契机，再度开启游戏。淘淘上次就因为手速慢没报上名，难过了好多天。

妈妈轻轻地揉了揉淘淘略带焦急的小脸蛋，“哎哟，小可爱，这次咱们一定能抢到名额，来。”妈妈把手机拿了出来，开始解锁手机。

“妈妈，快点快点，只有两分钟了。”淘淘紧张得跺起脚来。

一拿到手机，淘淘的两只小手就在屏幕上不停地点击。她飞快地打开广州博物馆微信公众号，点击报名推文，长按二维码，准点进入了报名页面，填写信息，噼里啪啦一顿操作，20:01 成功提交。

“哈哈！成功啦！谢谢妈妈！我们可以一起去参加啦！”

“啦啦啦……啦啦啦……”淘淘开心地跳了起来，嘴里欢快地哼着歌儿，想象着自己参加游戏的场景。

“镇海楼之夜”活动日到了。

夜幕降临，镇海楼肃穆地矗立在越秀山上，在按照一定顺序布置的五光十色的灯光照耀下，光芒四射，甚是壮观。镇海楼前的广场上摆放着一个巨大的游戏棋盘，此次报名成功的玩家们正在棋盘旁兴奋地等待着游戏的开始。

一轮游戏有六组玩家，两人一组，共十二人。六组玩家根据所抽到的角色卡分别代表对广州有贡献的六位历史名人——赵佗、达摩、张九龄、苏轼、伍秉鉴、孙中山。

淘淘和妈妈抽到了赵佗。

赵佗是南越国的创建者，被西汉高祖刘邦封为南越王。淘淘听爸爸讲过南越国的历史，所以她知道赵佗。她很开心能抽到这个角色。

按照游戏规则，组内玩家自行分工。淘淘和妈妈商量了一下，决定让妈妈负责在棋盘外抛掷骰子，淘淘则踏进由四个渐次减小的长方形依次相套的棋盘沉浸式体验游戏。

“当当！”博物馆工作人员敲了两下锣。

游戏开始了。

淘淘与其他五名玩家站在棋盘起点处，等待各自的搭档按照抽签顺序抛掷骰子。“赵佗”的抽签顺序是第三。

轮到淘淘妈妈掷骰子时，她掷了个“5”，淘淘要前进5格。

正在这时，怪事发生了。正当淘淘抬起右脚准备往前迈步时，一阵狂风呼啸而过，吹乱了在场所有人的头发、衣服。大家忙着整理时，一粒碎石子恰巧滚到了淘淘脚边。淘淘没留神，落下的右脚踩到碎石子，踉跄跌倒在地。就在淘淘与地面接触的一瞬间，她发现世界忽然变了。

周围的事物、人通通不在了，脚下的棋盘也骤然消失，淘淘仿佛来到了另一个世界——一个未知的世界。

“妈妈——妈妈——”淘淘喊了两声，无人应答。

淘淘害怕极了，眼睛红红的，眼泪夺眶而出。

五光十色的灯光也不复存在，镇海楼、指示牌、围栏、远处的电车……全都消失了。

发生了什么事？这是哪里？

这，这到底是怎么一回事啊？

“呜呜哇……”淘淘惊恐万分。

淘淘还没来得及仔细观察下周围环境，就感觉自己的身体不受控制地坠落。她条件反射地用双手抱头以保护自己。过了一会儿，坠落终于停了下来，淘淘慢慢睁开眼，惊讶地发现自己在一条小巷子里，路上没有什么行人，只是周围的建筑、物件……像是古代的，目之所及的文字也不是现代的简体字，似乎是……是……小篆？！

难道我穿越了？！

第2集 秦戈的身世之谜

淘淘愣住了。

突然，五光十色的小光束从四面八方飞来，在淘淘面前汇聚成一个红色的精灵。精灵飞到半空中，笑盈盈地看着淘淘。

淘淘被这神奇的一幕吸引了，她擦了擦眼泪。咦？这个红色的精灵好眼熟、好亲切呀。

“我在广州博物馆的微信公众号见过你，你是……你是镇海楼的守护精灵——穗穗！”

“哇，你好聪明呀！那我就不用自我介绍了。”穗穗飞到淘淘身边，“淘淘不用怕，我们仍在‘穿粤记’的游戏中。”

还在游戏中？那周围这些是……

“淘淘，你放心，尽情享受游戏就好啦。我是镇海楼的守护精灵，现在，我也是你的守护精灵。我会在你需要的时候保护你、指引你的。”穗穗似乎看出了淘淘心中的疑问，“走吧，我们的第一站就是这里——秦汉时期。”

“啊？”淘淘正想把心中的许多疑问说出时，就被穗穗拉走了。

天色昏暗。

“咻”的一声，穗穗一个凌波微步，便带着淘淘来到一座兵器库中。奇怪的是，这座兵器库中有一个展柜，里面陈列着一件兵器。

“小朋友们，你们好呀！我系秦哥（戈），是来自秦朝的身上刻有‘十四年属邦’铭文的青铜戈。”只见这件兵器晃着尖脑袋，一跃而下，从展柜来到了淘淘和穗穗的面前。

展柜似乎是虚拟的。

“啊！”淘淘颤抖着举起手，“为什么，它，它，它能说话？！ 它还从展柜里跳了出来，闹鬼了吗？呜呜……”

“它不是鬼哦，别忘了，我们还在游戏里呢。”穗穗连忙解释。

“对不起，吓到你了。”秦戈不好意思地挠了挠头。

“呀，我想起来了，我在历史书上看到过，整个岭南地区，现在能找到刻有秦代铭文的兵器仅有两件，而且两件都是戈，其中一件就是你。考古专家说你们是秦始皇统一岭南的历史物证。”洵洵把眼前的兵器与曾经看过的历史书对应上了。她顿时觉得秦戈一点都不陌生了，也忘记了害怕。

“这你都知道？”穗穗惊喜道。

“那可不？家里的那些书我可不是白看的。”洵洵双手交叉放在胸口前，骄傲地说。

“哎呀，你们别聊了，看看我，看看我。”站在一旁的秦戈感觉自己被忽略了。

这秦戈乍一看，个头不大，锈迹斑驳，身长大概20厘米，最显眼的是一个长而尖的戈头，前端的“锋”和边缘的“刃”，历经两千多年依然宛如新造，非常锋利，不愧是纵横古战场的绝佳杀器。

秦戈一边说，一边转了个身；然后一跃而起，在空中凌厉地做了几个腾挪回旋的动作，似勾似啄，如推如砍；最后俯冲下来，稳稳落在原地，动作挥洒流畅，一气呵成。

“好！”秦戈赢得了淘淘和穗穗的喝彩。

“以前的人称我们为‘勾兵’，看这里，这锋利的刃能让我们施展笑傲沙场的钩杀绝技。”秦戈含笑慢慢走着，展示它最引以为傲的利刃。

“不过，要说最有意思的，还得看我身上的这个！”秦戈话锋一转，身边出现了一个倒金字塔形的立体展示视频，一个高精度三维扫描建模的虚拟铜戈立刻浮现空中。

在视频里，秦戈被高清镜头360度无死角呈现，淘淘这才看清，它身上有一行字。这行字被放大标注出来，是“十四年属邦工□蕺丞□□□”，12个字纹道很浅，细如发丝，如果不借助高清镜头还真是很难看得清楚。

“我已经不太记得老家在哪里了，兄弟姐妹也早就四散了，但有了这12个字，我的身世之谜至少可以解开一半。”秦戈有些感慨地说道。

淘淘之前来参观镇海楼时，讲解员说过镇海楼的每件文物或多或少都有些未解的身世之谜，这时听到秦戈提到“身世”，便竖起了耳朵。

原来，这12个字跟秦朝实行的一种叫“物勒工名”的制度有关。什么是“物勒工名”呢？简单来说，就是工匠要把名字刻在自己制作的器物上，一旦发现产品有质量问题，就可以按名字追究责任。

当时秦国兵器生产的最高监管人吕不韦开创了从相邦、工师、丞再到工匠的四级质量监管制度，每一件兵器上都刻有各级管理者和制作者的姓名，一旦发生质量问题，谁也跑不了。这种层层追责的做法，确保了秦国高效率、高标准的武器生产体系，也保证了秦国的超强战斗力。公元前219年和前214年，秦始皇先后两次派兵攻打岭南地区。公元前214年，秦朝将领任嚣、赵佗成功平定岭南地区。

“十四年属邦工□蕺丞□□□，这行字隐藏着我的身世，可惜现在看不清楚了，但能确定的是我的出生年份为秦王政十四年，也就是公元前233年；另外还可以由此推断，我是由属邦工官监造的，‘属邦’是当时属邦工官的省称。对了，听说我还有一个兄弟，是湖南长沙秦墓出土的‘四年相邦吕不韦’青铜戈。我俩长得特别像。考古学家推断我的主人可能是某个参加秦始皇平定岭南战役的将士。”

秦戈讲完，长长地吁了一口气，这是它第一次讲述自己的身世，淘淘听得呆住了。

“从前我只知道秦戈是秦始皇统一岭南的历史物证，不知秦戈背后还有这么多等待挖掘的秘密。”淘淘的内心激动极了，这一趟真的没白来！

第3集 越式陶鼎请吃宫宴

“咕噜咕噜”的声音从洵洵的肚子里传出来。

“你饿了呀？”穗穗问。

洵洵羞涩地点点头。

这时，窸窣的声音响起，洵洵身边的场景瞬间发生了变化，之后空气中隐隐飘来一股鲜香的气味。

“跟我来，到那个摊位上稍等片刻。”穗穗在洵洵面前神秘地说道，转头伸手一指。

顺着穗穗的手看过去，“咕嘟咕嘟……”一个长着三只直脚的圆肚子陶鼎，轻盈地蹦蹦跳跳，站到了摊位中的一张桌子上，虚拟展柜像泡泡一样“啵”的一声消失了。香气更浓了！

“你想吃夜宵吗？”这只长得像一口小锅的陶鼎狡黠地笑着。

“想！”洵洵点头的幅度比刚才更大了，马上拉着穗穗跑了过去。

“别急别急，一会儿就好了。”几分钟工夫，富贵石榴果，喜烙酿豆腐，炙烤小豕肉，捞起章红鱼……像变魔术一般，数十种南越宫宴菜式从陶鼎的肚子里源源不断地涌出来，鲜香热腾，让人食指大动，空气中洋溢着大食会的气氛。

“难怪爸爸常说‘食在广州’！难不成从这时候就开始了，嘻嘻。”淘淘和穗穗席地而坐，大快朵颐，连声感叹。

听到淘淘和穗穗的话，三足陶鼎得意地笑了。“两位，你们可说对了，‘食在广州’的美名就是从我那个年代开始的。宗师级的大吃货，我们南越国有的是。和你们说个秘密，南越文王也是个吃货呢！据史料记载，当年在南越王墓，考古专家发现了丰富的食材食具。你们看过南越文王墓出土的炊具吗？光是我们鼎家族的就有51件。”

说着说着，陶鼎突然提高了音量：“看到我肚子上刻的‘食官第一’这几个字了吗？”它微微腆起肚子，缓缓地将身体旋转了一下，以便让淘淘看清。

“‘食官’是什么？还‘第一’？”这是淘淘的知识盲区了。

“你们可能有所不知，南越文王不但会吃，还很重视管膳食的人，专门给他们封官，还封了不止一个。‘食官’就是当时王室中掌管膳食的官名，‘第一’是编号。我是从广州三元里梓元岗汉墓出土的，考古学家推测我的主人就是一

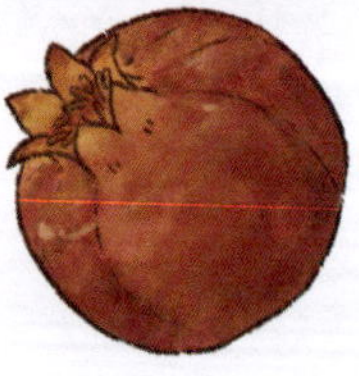

位食官。我家族的成员可多了，食官将我们和丰富的食物、高超的厨艺融合，形成兼容并包的粤菜风格，一直延续到今天。所以说，‘食在广州’的美名，本小鼎也有一点贡献呢！”

“长知识了！不过，你的样子好像跟我看过的鼎有点不太一样？”淘淘挠挠头，又冒出来一个问题。

“哈，小朋友，这也被你看出来了！像我这样的鼎，岭南有不少，我们有一个共同的名字，叫‘越式鼎’，跟中原地区的鼎确实长得不太一样。不过，我们都是鼎家族的兄弟姐妹，互有交融，我们虽然是越式鼎，但身上也有汉字铭文。”

说完，陶鼎才想起还没有做自我介绍。他拍拍热烘烘的肚子，响亮地说道：“我是越式‘食官第一’陶鼎！你们慢慢吃，不够自己添哈。我再继续煮点。”

趁着这个时间，淘淘把穿越后就一直存在于自己心中的疑问问了出来："穗穗，到底要怎么样才能回到现实世界呀？"

"当你妈妈抛掷骰子后，这个游戏空间便已开启。游戏空间是'穿粤记'游戏的一部分。只有勇敢的、愿意沉浸在历史里的孩子，才能被选中，来到这里。"

"那我就是那个被选中的、勇敢的孩子咯？"淘淘感觉自己好像被夸奖了，心里有一点点小小的得意。

"是的。"

“虽然这里也挺好玩的，可我还是想回去。”淘淘闷闷地说道。

“你还记得‘穿粤记’棋盘上有四个长方形吗？”穗穗手上幻化出一道光，上面出现了“穿粤记”的棋盘。

淘淘点点头。

“四个长方形象征着历史上的四个时期，分别是秦汉、唐宋、明清、民国。每个时期都有不同数量的文物，每件文物身上都有需要后人挖掘的秘密。游戏空间开启，这些文物就与我们一同穿越了，随机散落在某个时期的某个角落，游戏空间会尽可能还原这些文物‘出生’的时代的历史环境。放心，文物们会有虚拟展柜保护。”

“我需要找到这些文物，挖掘它们的一些秘密，顺着历史时期一层层地‘穿越’过去，才能回到现实世界。”淘淘结合刚刚的经历，似乎明白了。

“没错！”穗穗为淘淘的智慧鼓掌。

“那我怎么才能找到那些文物呢？有没有类似指引的东西呀？”

“嘿嘿，天机不可泄露。”

“好吧。”

第4集 西汉铜熏炉花式熏香

话音刚落，忽见一缕轻烟从空中飘来。那轻烟飘过淘淘和穗穗后凝而不散，还裹挟着一阵沁人心脾的香味，让淘淘和穗穗都忍不住深吸了几口气。穗穗领着淘淘顺着那轻烟的来处走去，她们惊奇地发现，摊位旁边杂货铺子里的货架上摆着一个豆形的铜物件。

“原来烟雾是从这里散发出去的。”淘淘细细观察这个铜物件，它看起来像一个小炉具，方形炉体，方柄圆座足，盖面及腹部镂空成“回”字形气孔，气孔上丝丝缕缕的烟雾袅袅腾腾。

淘淘好奇地凑近，一边端详着这个铜物件，一边深呼吸，那香气有一种令人沉醉的魔力。

“你好呀，我是1956年在黄花岗出土的西汉铜熏炉。”铜物件见淘淘凑上来，便主动地做自我介绍。

“刚才那香气是你发出来的吧，是什么香？太好闻了！”淘淘迫不及待地问了起来。

“我在熏香，用的是乳香。你知道吗，长江中下游及其以南地区气候温暖潮湿，易滋生蚊虫，岭南地区更是有‘瘴气’，致人死伤无数，所以南越国人很早就学会用熏香的方式来祛湿、防虫、辟邪，后来熏香逐渐成为一种时尚。广州发掘的400多座汉墓出土了上百件熏炉，很多汉代墓葬中都有熏炉出土，说明咱们南方当时熏香是十分流行的。”西汉铜熏炉不无得意地介绍道。

“除了这种香料之外，还有其他香料吗？”淘淘对此大感兴趣，继续追问。

“当然有了。古人刚开始熏香时，烧的是高良姜、辛夷、茅根等草本类本土香料，但它们的燃烧速度太快了，而且香气不够浓郁。”铜熏炉一边说着，一边幻化出草本香料的燃烧效果，一时间整个铺子烟雾缭绕，但香气与之前的乳香相比，确实稍逊一筹。

“本土草本香料的一些不足，后来被外来香料弥补了。南越国依靠海上丝绸之路，将许多国外的香料源源不断地引进来——有来自小亚细亚、叙利亚等地的苏合香，有来自印度、中南半岛、马来群岛等地的檀香、沉香，有来自爪哇等地的丁香，有来自菲律宾、越南的广藿香，有来自欧洲及北非地中海沿岸的迷迭香，等等。”西汉铜熏炉像表演贯口一般，一口气列举了许多香料，它头顶上的烟雾也随之变幻，将海上丝绸之路那一幕幕舟楫乘风破浪的景象演绎得惊心动魄，把淘淘彻底迷住了。

“比如我刚才熏的乳香，就主产于红海沿岸的阿拉伯地区。随着这些域外香料的引进，我们熏炉也进行了升级改造。看看我身上这些‘回’字形气孔，就是为了适合树脂类香料发烟特别研制的。”关于香的门道还真不少，西汉铜熏炉亲身示范，娓娓道来。

见识了这许多香料，了解了这一缕熏香背后的深厚历史，淘淘一时间颇为着迷，围着铜熏炉久久不愿离去。

第5集 不像玻璃的西汉玻璃碗

西汉铜熏炉中飘出的香气令人心神迷醉，淘淘被彻底迷住了，围着这熏炉，一边品着香，一边缠着它发问。不经意间看到了旁边货架上摆着的陶碗，淘淘眼睛咕噜一转，临时起意，就将手向陶碗伸去，想用它来练习熏香。陶碗吓得差点夺门而出，往后连退了好几步，一不小心跌下货架，碗底磕在地板上，发出“当、当”的响声。

“哈哈，陶碗，别害怕，淘淘只是开玩笑而已。”西汉铜熏炉连忙安慰陶碗。

“我不是陶碗，我是1954年在登峰路横枝岗汉墓出土的西汉玻璃碗。”那碗愤愤地说道。

“对不起。咦？你竟然不是陶碗而是玻璃碗？”淘淘觉得有点奇怪。仔细看去，这碗呈深蓝色，广口、圆腹、平底，唇下还有凹形的宽弦纹，内壁挺光滑，而外壁有明显的经过打磨的迹象，看得出上面还留有一些朱砂的痕迹，但怎么看也不像是玻璃制品啊。

这碗看淘淘认不出来，倒是有些得意，连刚才被冒犯的事都忘了，“嘿嘿”地笑起来，说道：“我是一只货真价实的玻璃碗，当时在墓葬中，一共出土了三只一模一样的呢。科

学家们已经用仪器检测过，说我是一只成分为钾玻璃的碗。”

“钾玻璃？”淘淘疑惑地嘀咕着。

“也不怪你没听过。我出土于西汉中期墓葬，南亚、东南亚以及我国广西等地，均发现了与我同样体系的玻璃器皿。”西汉玻璃碗解释道。

“哇！”西汉铜熏炉忍不住惊叹问道，“原来你和我一样，都见证了广州与海外各国的贸易往来！”

“是的，”玻璃碗点点头解释道，“人们常说，广州自古以来便是我国对外贸易的重要港口，这个‘古’，能追溯到南越国时期甚至更早的时期。”

听了西汉玻璃碗的介绍，坐在一旁的汉代陶俑座灯忍不住伸出一只手指，试探地问道：“我以前在主人家就看到过玻璃制品，它们都是主人的珍爱之物，所以我从来都不敢碰，现在我能摸摸你吗？”

这西汉玻璃碗倒没有什么“玻璃心”，它大大方方地向陶俑座灯点点头说：“当然可以。虽然我们易碎，但也没有脆弱到不能摸的地步。”

玻璃碗说着，不自觉地挺了挺胸，陷入了回忆中：“广州汉代以后的墓中常有海外输入的物品出现，除了玻璃碗，还有原支象牙、乳香等。想当年，我一路走来，也是惊涛骇浪不断，我可是连眼皮都不眨一下的。”

第6集 “歪果仁”陶俑座灯

西汉玻璃碗的自我介绍，淘淘听得津津有味，汉代陶俑座灯更是想摸一摸它，然而伸手之际，却不小心熄灭了烛火，铺子里突然陷入黑暗，吓得淘淘直接坐在地上。

“啊！穗穗，快来帮帮我！”淘淘立刻惊呼了起来，穗穗听到淘淘的召唤，立刻飞到淘淘身边安慰她。

黑暗中，淘淘在穗穗的帮助下起了身，正要迈步时，眼前却“哧”地出现一道火光，照出一道突兀而扭曲的身影。淘淘吓得心里“咯噔”一下，定睛一看，原来是那位汉代陶俑座灯把自己手上的灯给点燃了。

“实在抱歉，吓到大家了，我是1955年在广州大元岗汉墓出土的西汉陶俑座灯。”陶俑见吓着大家了，一个劲地道歉。

“你怎么长得不像汉人啊？”淘淘发现这陶俑长得有点特别，深目高鼻，厚唇腮胡，袒胸露腹地坐在地上，手托一个灯盘。

“其实我是汉代的‘歪果仁’（外国人），按照当时的叫法，应该叫‘胡人’。由于我们高鼻深目、体毛发达，所以有人说我们的形象来自印尼地区，也有人说来自印度，甚

至有人说我们是东南亚人和西域胡人形象的糅合体。汉代时期，广州一直跟周边的国家保持着密切的联系，很多国家的人沿着海路抵达广州，在当时的达官贵人家中从事奴仆工作，所以我们究竟是哪个国家的人，到目前为止好像也没有定论。”说到这里，陶俑座灯无奈地摊了摊手。

“好可怜哦！”淘淘听后不禁有些同情它们，漂洋过海来到这里，最后连自己的家乡是哪里都不知道。

“其实没关系的，”陶俑座灯倒是很豁达，“过去我们作为殉人替代品，只能待在阴暗的墓室里，现在被发掘出来，能将我们携带的历史信息让更多的人知道，我们就很开心。”

“你这样常年举着灯盘，手臂一定很有力吧？”火光之下，淘淘突然注意到陶俑座灯托着灯盘的左手臂看起来明显比右手臂粗壮许多。

“哈哈，确实如此！在古代广州人心中，我们胡人是特别强壮有力的，所以他们才会经常用我们来做托灯造型。”

陶俑座灯话音刚落，就把手里的灯火拨得更亮堂一些，并向淘淘深深作了一个揖——在汉地多年，它早已把汉人的礼节学得非常地道了。

“没想到，这间杂货铺子里竟然藏着三件随我们穿越而来的文物。”淘淘觉得自己有些小小的幸运。

“这里已经没有其他的文物了，我们走吧。”穗穗拉着淘淘往外走。

第7集 东汉陶船好威水

淘淘和穗穗从杂货铺里走出来，只见天色昏暗，天边微微发白。

“哇，刚刚太匆忙没仔细看，这里好漂亮，景色好美丽，我们逛一逛吧！”淘淘惊艳于满目岭南水乡春光，忍不住举目四顾。视线刚转至渡口方向，淘淘便看到了一个虚拟展柜。

“那里有‘宝藏’，我们快过去吧。”淘淘惊喜地道。

淘淘和穗穗走到渡口边，那里停着一艘陶船，船上有五六个人，站在船头的那位看起来像是船长。他搓搓手，好像要开口说点什么，但有些害羞，脸也涨得通红。

“哎呀，老弟，你们有这么‘威水’（粤语，了不起）的历史，怎么还开不了口呢！”穗穗直接从旁边跳出来。

淘淘自信且轻盈地跳上陶船，气定神闲地说：“你是国宝级文物吧，别看你个子小小的，但你可是世界上第一艘使用舵的船，来自东汉。我说得没错吧？”

“唉，对对对，哈哈哈，”撑船人朝淘淘招了招手，说，“要不去桥那边走一遭，看看？”淘淘应声道：“太好了，谢谢前辈相助！”

这船是1954年出土于广州先烈路东汉墓的一件随葬明器，高16厘米，长54厘米。众人上船后，这船竟霍地一下，变成一艘20米长、5米来高、载重万斤的长条形大船，头、尾较窄，中部稍宽，船底较平。

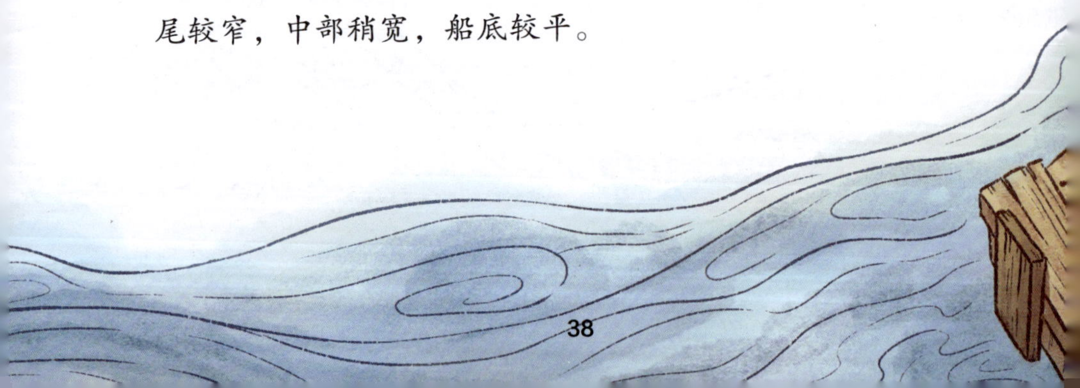

船长招呼众人坐好扶稳后，便持桨划起船来。船外碧波荡漾，两岸树木依依，岸上行人摩肩接踵，一派热闹景象。

淘淘从船头走到船尾，又从船尾走到船头，这里摸摸，那里敲敲，好奇极了，还趁机问船长：“船长，请问一下，船头和船尾都有一个奇形怪状的东西，那是什么，有什么作用呢？”

船长笑着说："淘淘，你可问到点子上了。船头的是锚，船尾的是舵。咱们这艘船，正是靠这前锚后舵，成为世界上最早使用舵的舟船模型。凭借它，我们可以证明船舵是汉朝人民发明的。前有锚，无论在江河还是湖海均可停泊，为人们出海远洋创造了条件；后有舵，则可以方便船只转向。"说着，船长指了指船尾，"正是这锚和舵的出现，让我们广州的船领先世界一千多年，走出了内河湖泊，冲向汪洋大海，开辟了闻名世界的海上丝绸之路。"

淘淘正沉浸在船长的讲解中，蓦然回神，发现船正冲着一座桥的桥桩行驶，眼看就要撞上去了，众人紧张得捏紧了拳头。千钧一发之际，只见船长和船员们不慌不忙，按部就班地操作舵和锚，成功地让船只在撞上桥桩之前转了个方向，并稳稳地停在桥下——舵和锚果然神奇。

“太帅了！”淘淘不由得欢呼起来。

这时，天色早已放亮。

突然，水面掀起了大浪，地面龟裂，陆地上的行人全都摇摇晃晃的，渡口边摆放在高处的货物也掉了下来，狠狠地砸向地面。

“不好，秦汉时期的时空空间要坍塌了！”穗穗大呼不妙。

“什么意思？”淘淘也紧张起来，手紧紧地抓着穗穗的胳膊。

“淘淘，抓稳了！”话音刚落，穗穗就幻化成一道光，把淘淘带往下一个时期——唐宋。

唐宋篇

第8集 胡人俑差点误卖“胡瓶”

转眼间，淘淘和穗穗来到热闹繁华的街道上，她们找了个地方坐了下来。

“穗穗，刚刚是怎么一回事？”淘淘稍稍稳定自己的心绪，问道。

“这表明我们在秦汉时期的任务已经完成了。根据游戏规则，每个时期的任务完成之后，里面的文物就会完好地回到现实世界；同时，下一个时期就会被激活。我最重要的任务之一，就是把你安全顺利地带往下一时期。”穗穗解释着。

“那怎么判断我有没有完成每一个时期的任务呢？刚刚那也太突然了，我的小心脏都要吓坏了。”淘淘摸了摸自己的胸口，现在想想还有些后怕。

“开动你聪明的小脑袋想一想。”穗穗又是一副不可说的神情。

淘淘陷入了沉思，秦汉时空有什么东西是在逐渐变化的吗？应该是一个类似于进度条的东西吧？

淘淘想了一会儿，突然灵光一闪。

“是天色！”

“答对了！你不愧是被选中的孩子。没错，就是天色。

天色完全放亮，意味着你已经把秦汉时期的文物找全了，并解开了文物背后的一些秘密。”

“既然你答对了，那我就再送你一个提示，与我们一同来到唐宋时期的文物有4件。”

淘淘这时才注意到，周围有4个虚拟的展柜。

“那不就齐了吗？任务完成了？！”淘淘指了指周围，感觉有一波惊喜砸向她。

穗穗轻轻地摇了摇头：“唐宋时期的任务也不简单呐，不知道这个年龄的你是否能……”

淘淘正在听穗穗说话，一对酷似双胞胎的胡人俑，不知什么时候来到了她们的身旁，吸引了淘淘的目光。只见这两人头戴毡帽，身高在30厘米左右，神态谦恭，但样貌却很张扬——高耸的鹰钩鼻，尾部微微上翘的八字胡，身上还挎个长颈瓶子。张扬的样貌与谦恭的神态，形成了巨大的反差，实在是夺人眼球。

看他们相貌怪异，淘淘好奇地问："你们跟汉代那陶俑座灯是什么关系呀，是不是老乡啊？"

左边的胡人俑回答说："它是汉代的，我们是唐代的，它是我们的前辈。"沉吟了一会儿，它继续说道："它应该不是我们的老乡。我们是 1976 年在白云山农场双燕岗管理区长腰岭唐墓出土的，应该是波斯人或者大食（阿拉伯帝国）人吧。"说到这里，胡人俑脸上似乎闪过骄傲的神情，但很快又恢复原样。

"哦？波斯人和大食人很厉害吗？"淘淘表示怀疑。

"当然，"右边的胡人俑回答，"我们阿拉伯和波斯有着悠久的航海传统，是发达的海上贸易国家。广州是两个海上丝绸之路的起点城市之一，所以我们国家很多人都通过海上丝绸之路来到广州，并在广州经商生活。虽然我们以前都是殉人的替代品，但是我们也梦想成为大'胡商'。"

看着那两人依旧谦恭拘谨的表情，淘淘想不到他们竟有如此远大的志向，她竖起大拇指说道：“了不起！想不到你们的梦想是成为大商人，那你们准备贩卖什么呢？”

“你看我们身上挎着的长颈瓶子，这是我们做买卖走街串巷时用来喝水的‘胡瓶’。当然，如果价钱合适的话，它现在就是你的了。”左边的胡人俑立刻回答道。

“你们这胡瓶可是大有来头的宝贝，千万不要随便卖了。”旁边桌子上的青釉刻花卉纹凤首执壶接过话头，劝说道，“我们汉人以前都是没有瓶子的，我们都习惯用尊勺注酒，但这样往往不够精准，而且还容易洒落酒水。胡瓶有把、有盖，既方便又安全，所以我们汉人也逐渐跟着使用起来，到后来才有了‘酒壶’‘酒瓶’和‘茶壶’这些器皿，就连我都是借鉴了你们这胡瓶的形象才被制造出来呢。”

“原来如此！”淘淘恍然大悟，两个胡人俑也再次确认了自己的价值，高兴得合不拢嘴，直说：“不卖了，不卖了。”

“穗穗，唐宋时空的进度条不会还是天空的天色吧？”

“才不是，那多不好玩。”

“那是什么呀？”

“等会儿就知道啦！”淘淘想套话，没套出来。

唉，还是不可说。

第9集 白釉军持的冷知识

唐代胡人俑差点误卖了自己身上那价值不菲的胡瓶，幸好得到提醒，它们捧着胡瓶看了又看。

站在旁边的白釉军持一直看着胡人俑，看得津津有味，突然发现两个胡人俑目光斜瞟了自己一眼，又转头嘀咕着什么。过了一会儿，两个胡人俑同时转过头来对它说："冒昧问一句，请问您这瓶子卖吗？"

白釉军持一愣，好一会儿才反应过来，轻笑道："嘿，我可不叫瓶子，我的名字叫军持，来自唐代。还有，我也不准备把自己给卖了，抱歉，让你们失望了。"

洵洵听了忍俊不禁，低声说："军持，好特别的名字。"

白釉军持解释说："军持，其实跟军队没什么关系，我的名字来源于梵语'Kundikā'的音译，有时候也译作'军墀''君迟''群持''捃稚迦'等，意思就是水瓶，是很多古代僧人的标配。"

歇了一口气后，白釉军持故作神秘地继续说："我其实还有另外一个名字，相信你一定很熟悉，那就是观音菩萨手里拿的净瓶，这是军持的另一种叫法。"

"原来如此，一个名字也有这么多讲究。"洵洵的知识

面又拓宽了。

“再猜猜看我身上这两个口子，哪个是进水口，哪个是出水口？”白釉军持向淘淘展示了自己头顶和颈部的两个口子，促狭地笑了笑。

“这还用猜吗，肯定是顶部进水、颈部出水啦。”淘淘马上抢答。

“不对，既然它让我猜，那肯定是跟我平常看到的瓶子不一样。不会是颈部进水、顶部出水吧？”淘淘随即反驳了自己刚才的答案，并怀疑地看向白釉军持。

“果然瞒不过你。唐朝的一位法名义净的僧人，曾从广州出发，坐波斯商人的船经海上丝绸之路到印度，他在《南海寄归内法传》中对军持的用法进行了详细的描述。原文我不太记得了，换成你们的大白话，就是我们军持最开始的习惯用法是从肩部的短颈口注水，从顶部的长颈口出水。我们原本是舶来品，后来经过发展，出现了不少国产外销的军持，镇海楼里就藏有一些，可能是当时的外商定制的。这些外商定制品的数量在当时相当可观，广东的地方窑口如潮州窑、广州西村窑等都有生产，所以我们也是广州海上丝绸之路的重要见证者之一。”

“后来人们为什么没有继续使用军持了呢？”淘淘十分好奇。

“历史上的军持大多是国产外销，主要的市场在国外。再说军持与胡瓶，虽在某种程度上改变了汉人尊勺注酒的习惯，但因产品功能仍未发展完善，只能算是一种过渡的产品，所以后面才有了青釉刻花卉纹凤首执壶的出现。”白釉军持耐心地继续解释。

青釉刻花卉纹凤首执壶听得正入神，突然被点名，迷糊了一下，很快就配合着点了点头，表示认同。

“军持作为广州海上丝绸之路历史的重要见证者，如今却少有人知，实在是伤心啊！”军持一说完，淘淘内心涌现莫名的悲伤，不知道有多少文物，哪怕曾经十分重要，随着时间的流逝，被人们随意丢弃，湮没于历史长河，最终被人们遗忘。好可惜，真的好可惜呀。

“我能做些什么呢？”这个问题在淘淘的心里深深地扎下根来。

淘淘正思考着，没发现手腕上突然出现了一个正微微发着光的手镯。

第10集 南汉铁花盆的“花花世界”

唐代白釉军持在现实世界已少有人知，它说出自己内心的辛酸后，一直躲在角落的南汉铁花盆感同身受，按捺不住地想要展示自己。它尝试着晃动自己圆鼓鼓的身体，可是一不小心就摔倒在地，发出一阵“咚咚咚”的沉闷声，引来了淘淘的注目。只见这花盆黑黑的，身子粗壮，腿很短，挺笨重的，摔倒后想爬起来还真有点困难。淘淘赶紧过去把它扶起来。

“谢谢！谢谢！”铁花盆连声向淘淘道谢，脸上的表情有些尴尬。为了化解这尴尬气氛，它索性对着淘淘鞠了个躬，憨笑着说：“我是南汉铁花盆，平时最喜欢在咱们小镇上侍弄花花草草。我想向你展示自己，然后，等你回到现实世界，把我介绍给更多的人，可以吗？”

淘淘听后一阵心酸，见它憨憨的模样，便给它鼓掌助阵并承诺：“当然可以，才艺快秀出来！”

得到淘淘的承诺，铁花盆不禁乐开了花。它迈开小短

腿，打了个响指，空中马上出现一个投影仪。它跑到投影仪下，打开视频，然后拍了拍自己的肚子，“当当当”的响声后，它指着视频里放大的图片告诉大家：“你们看我身体两面铸着的铭文——‘大有四年冬十一月甲申朔造，供奉芳华苑永用’。这就是我的来历证明，南汉大有四年（931 年）是我出生的时间，至于‘供奉芳华苑永用’则证明我当时在南汉帝王刘䶮的离宫芳华苑，也就是现在的荔枝湾一带工作。”

“我的拿手绝活当然是养花。想当年，芳华苑里种满了素馨花，每年夏秋之际，雪白的素馨花密密麻麻地挂满枝头，伴着浓郁的花香，那景象真是太美了……”说话间，铁花盆陷入了一千多年前的回忆中，一脸迷醉的样子，引得淘淘好奇起来，这素馨花究竟有多美多香呢？真想看一看、品一品啊。

过了好一会儿，铁花盆才继续说：“别看我身高只有30厘米，全身黑不溜秋的，我可是广东铁冶铸业历史的见证者。在南汉时期，佛山是主要的铸铁地，除了像我这样的铁花盆外，还有军械、农具、生活用品等各种各样的铁制品，都在这里制造生产。到了明清时期，广东的冶铁业更是有‘天下产铁之区，莫良于粤，而冶铁之工，莫良于佛山’的美称。”

说到这里，腼腆的南汉铁花盆突然来了精神，骄傲地说：“光孝寺大雄宝殿的东西两侧各有一座大型铁塔，也是南汉时期遗留下来的，是中国现存最古老的两座铁塔了。咦，你说我现在会不会是中国现存最古老的铁花盆了呢？”

淘淘一听，忍不住竖起大拇指给南汉铁花盆点了个赞。没想到角落里低调的铁花盆，背后竟然藏着这么重要的秘密。此时，淘淘对“穿粤记”这个游戏的理解更深了，它不只是一个简单的游戏，它背后承载着众多历史研究工作者对中国传统文化的研究与传承。

随着在唐宋时期挖掘的文物秘密越来越多，淘淘对中国历史文化的感触也就越来越深，而她手腕上的手镯发出的光也越来越亮了。

第11集 凤首执壶的乡愁

当淘淘沉浸于思考时，那只劝胡人俑不要随便卖胡瓶、头顶着奇特造型的壶又开口说话了：“淘淘你好！我是青釉刻花卉纹凤首执壶。嘿嘿，不好意思，名字稍微有点长，不过你可以叫我凤首执壶。我来自广州的西村，曾经一度漂洋过海去了别的国家，不过幸运的是，最终我还是被带回了广州。回家的感觉真好！”

“我比军持兄弟出现的时间稍晚一点，是来自广州西村皇帝岗的宋代文物。说起来也跟之前的朋友们一样，与海上丝绸之路有点关系。”

这凤首执壶名字很长，自我介绍却很简短。它造型别致，装饰繁缛；它釉色清雅，光泽饱满；它肚子浑圆，上面刻画着花卉纹理；它颈部有三圈弦纹缠绕，顶部如凤首高冠；它身体左侧有壶嘴，上半部分向外微微弯曲，右侧则有提手，弯曲如弓。

“我也没有什么特殊才艺，就给大家表演一个倒水吧。”凤首执壶也不知从哪里找来一个杯子，放在地上，然后微晃身子，从壶嘴里飞出一条白色水线，水线在空中划出一道弧线后精准地落在杯中。杯满水止，四周不见半点水渍，一时间引得淘淘惊呼：“太酷了！”

凤首执壶向大家拱手作揖，说道：“刚才玩了个小把戏，秘诀无它，唯手熟罢了，感谢捧场。”

“为什么叫执壶呢？”淘淘对它的名字非常好奇。

“执壶是隋朝时出现的一种酒具，一开始是瓷质的，也叫作‘注子’‘注壶’，功能跟现在的酒壶、茶壶差不多。”

“像你这种凤首造型的在我们这里比较少见吧？”淘淘忍不住插了一句。

“没错，凤首造型是大食地区的流行器型。现在的广州西村皇帝岗就是北宋时期的西村窑所在地，也是北宋时期广州外销瓷的主要生产基地。外销瓷大多是通过海上丝绸之路出口到波斯、大食等西亚地区。所以我这种凤首执壶虽然是在广州生产，但在国内却很少见，反而在西沙群岛、东南亚，以及日本、斯里兰卡等地较为多见。”凤首执壶耐心地解释道。

“虽然我曾经只是西村窑的一只普通执壶，被贩售到国外，但兜兜转转，最后还是回到了出生地——广州。所以我也想让更多的人知道青釉刻花卉纹凤首执壶，了解更多关于广州海上丝绸之路的历史。”

凤首执壶话语诚恳，说到动情处，不免有点哽咽。淘淘深受感动，为它鼓起掌来。

“淘淘，看看你的右手。”穗穗惊讶的声音响起。

“呀！什么时候多了一个手镯，这是什么？好闪好漂亮。”淘淘被惊艳到了。

“这是唐宋空间的任务进度条——七彩手镯，它会感受到你对历史和文物的热爱。它感受到的热爱越浓烈，手镯的光环就会越亮，等到手镯无法承载光芒，就意味着我们在这个空间的探险走到了尾声。”

“好耶！又要到下一个时期了。”淘淘跃跃欲试。

“淘淘，你在游戏中产生的想法很珍贵，足以说明你是一个很有天赋的孩子，很多大人都没有思考过这些。”穗穗双手搭在淘淘的肩膀上，看着淘淘的眼睛，真诚地说道。

淘淘郑重地向穗穗点了点头。

七彩手镯的光芒越来越灿烂，手镯承载不住了，逐渐幻化成光芒的一部分。穗穗双手一挥，把淘淘圈在光芒内。

“明清，我们来啦。”

明清篇

第12集 “无价宝”威尼斯银币

半空中幻化出一个柔和的光圈，淘淘和穗穗从光圈里翻滚落地。

“哎哟喂。”淘淘的屁股先落地，发出一阵惊呼。不一会儿，她缓缓地站了起来，揉了揉自己的屁股。

“不好意思呀，我没算好时机就落地了，你还好吗？”穗穗扶着淘淘抱歉道。

“没关系，问题不大。不过你说下次我们能不能平稳落地？”淘淘拍拍穗穗的肩膀，不着痕迹地说道。

“能，一定能。”穗穗“嘿嘿”一笑，点头保证，“游戏空间太久没来人了嘛，生疏了，生疏了。”

淘淘看了看四周，瞬间瞪大了眼睛。

那不是镇海楼吗？我回来了？！

“那是镇海楼？啊，不对，那不是镇海楼。”淘淘激动得有些语无伦次，“哎呀，我在说什么，那是明朝建成不久的镇海楼，是六百四十多年前的镇海楼！”

“我记得爸爸在看《镇海楼史文图志》时说过：洪武十三年（1380年），朱亮祖合宋三城为一，扩充会垣，拓城北至越秀山，修筑城垣，并建镇海楼于北城蟠龙冈。”淘淘小跑上前，非常好奇六百年前的镇海楼是什么模样。

“淘淘，你还记得悬挂在镇海楼顶层的对联吗？答对有惊喜哦。”穗穗问道。

“万千劫危楼尚存，问谁摘斗摩霄，目空今古；五百年故侯安在，使我倚栏看剑，泪洒英雄！”

淘淘话音刚落，镇海楼的大门便缓缓打开，一道七彩的光束从里面朝淘淘射来。

“淘淘，伸手。”穗穗提醒道。淘淘伸手，七彩的光束停在她的手掌上，然后突然消失，淘淘手上却多出了一卷地图。

淘淘打开地图，发现上面清楚地标注着明清时期文物所在的位置。

淘淘粗略浏览了一下，倒吸了一口凉气：“穗穗，明清时期藏着的文物有点多呀。你说的惊喜，到底是这个地图，还是这个数量呀。虽然我玩得很开心，但我也想回家啊。”

“额，哈哈，走吧，先走吧，哈哈。”穗穗尴尬地笑了笑，拉着淘淘就走，“地图很重要的哦，不要弄丢了。”

“穗穗，地图上的这个点怎么一直在移动啊。”淘淘和穗穗来到了离她们最近的文物点。

忽然，一枚银币从一个商人的口袋里掉了出来，骨碌碌地朝着淘淘和穗穗的方向滚来。滚到近处，这枚银币竟然在淘淘和穗穗的面前旋转起来，速度越来越慢，眼看着就要倒下了，却在最后关头稳稳地立住了。

“原来是这么回事啊。”淘淘终于明白地图上与之对应的文物点为什么一直在移动了，原来它一直待在商人的口袋里。

“淘淘好，我是1964年在东山姚家岗的明代广东提举市舶太监韦眷墓中出土的威尼斯银币，当然你也可以叫我‘格罗索’或‘格罗塞托’。”这枚出场自带喜感的银币嘴角含笑道。

“我是由威尼斯共和国总督帕斯夸尔·马利皮埃罗监督铸造的，在15世纪我可是个大名人呢，在当时的威尼斯几乎没有人不认识我。”银币得意扬扬地继续介绍自己。

淘淘笑吟吟地说：“你好，威尼斯银币先生。我有点好奇，你值多少钱啊？”

“当时我的法定质量为1.402克，含银0.949克，但我的价值不体现在含银量上。威尼斯银币目前全世界仅发现了两枚，一枚收藏于威尼斯当地的博物馆，而另一枚就是我了，所以我是无价之宝。”威尼斯银币挺着薄薄的胸膛，大声地回答。

“哇，太厉害了！”淘淘不禁惊叹起来。

“在威尼斯的恩里科·丹多洛时代，钱币混乱且劣质，所以后来威尼斯共和国总督帕斯夸尔·马利皮埃就铸造了我。喏，你看，我的正面，是威尼斯城的保护神圣马可像。他直立着，面向前方，正把一面长杆军旗交给帕斯夸尔·马利皮埃总督。而总督的右手接过军旗，左手则拿着一卷羊皮文件。”为了让淘淘看得真切些，威尼斯银币绕着淘淘走了一圈。

“可惜的是，由于毫无节制地发行和掺假等问题，我们慢慢地就被市场淘汰了。”说到这里，威尼斯银币收敛了笑容，脸色开始凝重起来，“1472 年 5 月 20 日，威尼斯元老院通过了一条法律，明文禁止格罗索银币的铸造，并斥巨资从市场上回收格罗索银币。从那时起，格罗索银币就彻底失去了全部法定价值了。”

“那作为一枚威尼斯银币，你是怎么来到广州的？”淘淘又问道。

“那可真是一段史诗啊！”威尼斯银币煞有介事地回答，下一秒却绷不住，被自己逗笑了。

“好了，不开玩笑了。”威尼斯银币继续说，“14 世纪，威尼斯出台了一条法律，禁止威尼斯商人从陆路输出格罗索银币，但允许从海路输出。所以我很有可能是随着活跃在海上丝绸之路上的阿拉伯商人或中国旅行者来到广州的，也有可能是被威尼斯商人由海陆直接从威尼斯带到广州的。”

第13集 高冷寒涛琴

淘淘还沉浸在对威尼斯银币是怎么从威尼斯来到广州的思考中，突然听到“铮——铮——”一阵古琴声响起，这琴声冷冽清澈，顿时让她和穗穗像中了定身术一般，静静地站在原地聆听起来。

过了一会，淘淘回过神来，循声去寻，才发现琴声竟是从地图中传来的，位置就在最靠近威尼斯银币的一个文物点。

“哎呀，看来这琴已经迫不及待要和我们见面啦。”穗穗解释道，“在明清时期的游戏里有一个规则：必要时，文物会用各种各样的方式召唤你，召唤有时间限制，若玩家在规定的时间内不能及时找到发出召唤的文物，这个文物就会脱离游戏空间回到现实世界，玩家就没法完成这个任务了。所以，琴声不会无缘无故响起的。”

“这是新玩法呀！”淘淘隐隐有些兴奋。

淘淘和穗穗根据地图的指引，刚拐了个大弯儿，眼前就出现了一道清瘦的身影——一张古琴。随着琴音渐低，一曲终了，这张古琴紧闭双眼，一语不发，仿佛仍沉浸在琴声中。淘淘见状，也迟迟不敢开口打破这刻的宁静。

“不愧是‘广东第一大儒’陈献章大师所用的寒涛琴，朱启连先生称此琴琴音‘长松茹风，清远而聚’，此言果然非虚。这曲也极好，有青山幽涧、流泉泠泠而下的意趣，想必是出自《古冈遗谱》的《碧涧流泉》吧，真是余音绕梁，三日不绝啊！”过了好一会儿，穗穗实在忍不住了，开口赞叹道，“我听说，陈先生当年清雅好琴，经常携此琴游走四方，与好友抚琴唱和。据传陈先生当年进京的时候，也带着这张琴呢。”

“我怎么记得这是民主革命家朱执信先生的父亲朱启连老先生所用的琴呢？”淘淘狐疑地问道。

“非也，非也，朱启连老先生也是从陈氏后人手中购得此琴，并且还在《寒涛琴铭》一文中记载了此事，并非我胡言乱语。最后才是由朱执信先生的四弟朱执如把寒涛琴献给国家，由广州博物馆收藏。”穗穗严肃地解释此事。

“原来如此！”淘淘恍然大悟。

穗穗摆摆手说：“无须惊诧。岭南虽偏居一隅，但自秦汉以来，中原古琴文化便源源不断地随着北人南迁进入岭南，岭南琴艺日渐繁荣，渐渐便有了自成一派的气象。自明清以来，岭南琴乐名家辈出。这寒涛琴耳濡目染，琴艺想必早已炉火纯青。古时俞伯牙尚可摔琴谢知音，而今寒涛琴却不知弹与谁听？”

一番话下来，淘淘连连点头，称赞道：“想不到穗穗你见多识广，讲古讲得真好听。”被寒涛琴琴声吸引的穗穗此刻不像个精灵，显得更加亲切可爱了。

穗穗连称不敢。就在此时，寒涛琴突然又弹奏起来，这曲子淘淘听过，正是俞伯牙的《高山流水》。

又是一曲奏完，寒涛琴仍是一言不发，只缓缓起身，向着淘淘和穗穗微微一拱手，转身便消失了，留下淘淘和穗穗怅然不已。

第14集 清贝雕百子桥“复活”了

两个文物点的任务已完成，地图上相应的两个点也亮了起来。淘淘研究了一下地图，发现剩余的文物点都需要乘船过河。这条河还挺绕的，看着不好走。

刚到岸边，淘淘和穗穗发现身后不知从什么时候起跟了一个陌生人，淘淘马上提高了警觉。

“诶，别误会，我不是跟着你们，恰好和你们同路而已，我也要过河。”那陌生人看着淘淘戒备的神色，才反应过来淘淘可能误会了，连忙解释道。

淘淘看到一旁的穗穗并没有出手帮忙的意思，才放下心来。“咦？你看着有点眼熟呀！”淘淘突然觉得眼前的人好熟悉，好像在哪里见过，绞尽脑汁，一时间想不起来。

“看，那是清贝雕广州‘百子桥’人物故事图摆件，至于我，就是其中一个小小的艄公。”陌生人手指着远处说。淘淘循着他的手指看过去，只见河对岸有一个虚拟展柜，一件贝雕摆件在里面展放着。

“原来你是贝雕里的艄公，幸会幸会。”淘淘双手抱拳，跟艄公打了个招呼。

艄公不经意间瞄了一眼淘淘手上的地图，说道：“看来

咱俩的目的地是一个，贝雕是我家，我想邀请你们到我家去参观，可以吗？”

“那真是太好了！到河对岸可是要坐船？”

“对，要等船家来。”艄公摆摆手，无奈道。

“嘿嘿，又到我展现能力的时候啦。腾云驾雾！”穗穗抬头向天空挥了挥手，一小团云即刻便被招来，幻化成小船的模样，乖乖地停留在淘淘、穗穗和艄公的面前。

“这……能行吗？”这团云看上去白白的、软绵绵的，淘淘小声地嘀咕了一下，结果，下一秒，她就被穗穗甩到了云上。

“啊！啊！啊！”淘淘害怕得尖叫了起来，双手立马抱住穗穗，双脚悬空，闭上了眼睛。穗穗连忙稳住她：“不用怕，赶紧站好，小心翻下去哦。”

淘淘挣扎了一会儿，半信半疑，小心翼翼地站好。呀！好稳，简直如履平地。淘淘瞪大了眼睛，惊喜地看了看这团云，好神奇呀。一旁的艄公和淘淘一样，对这团云好奇极了。

“艄公，估计你很久都没有操舵驾船了吧？来，这艘船就由你来驾驶好了。”

“好，谢谢，我真的好久好久没有驾船了，感谢！”艄公兴奋地搓搓手，开始活动手脚。

在穗穗灵力的加持下，他们顺利地渡过了河。

船停后，云团消失。淘淘要好好地欣赏贝雕，小跑着来到虚拟展柜前。只见虚拟展柜里的贝壳摆件形如簸箕，外壁素身无纹，内壁似乎有些细细的纹路。淘淘凑近一看，小小的贝壳内壁上竟雕刻了一幅画，画面上有颇似岭南地区传统建筑样式的镬耳屋，分布河道两旁，还有古庙、篷船等，惟妙惟肖。桥上闲游者，亭中顾盼人，均栩栩如生。精美的浮雕与贝壳的色泽完美融合，在阳光下稍一变换视角，壳壁内就仿佛有七色宝光摇动，更显得精美非凡。

艄公袖手看着淘淘欣赏了这贝雕好一会儿，才悠悠说道："这贝雕之所以得名'百子桥'，是因为其刻画出了当年广州城东'百子桥'的景观，展现了清代广州水道河岸美景，极富岭南文化气息。《广州城坊志》中记载：'百子桥，在东门外育婴堂侧，原名百花桥，又名状元桥。建育婴堂时，改名百子桥'。这百子桥位于现在的百子横路一带，当年那里河道纵横，绿柳垂荫，如今大路通衢，车流如织，也是人间盛事一件。"

艄公话音未落，淘淘突然惊叹起来："哇，这画动起来了！"就在淘淘聚精会神听艄公介绍的时候，贝雕已悄悄打开了高清动态投影仪，瞬间把自己壳壁内的画面投影在淘淘面前，一幅"百子桥"河道景观动态图立刻展现在众人眼前。

只见长卷场景变幻流动，将贝雕精美的雕功淋漓尽致地展现了出来，让人仿佛走进了清代的广州城中：街上有孩子在嬉戏，有路人在闲聊；太阳升起，能听到船工的号子声和小贩的叫卖声；夜幕降临，能看到船只的点点星火和茶楼的灯火通明，连河道的波纹都在轻轻荡漾着。投影让那些原本凝固在贝雕上的事物变得鲜活起来，每个细节都在讲述清代广州街坊的日常故事。

“太漂亮了！真有趣！”淘淘平日看到的多是静态画面，何曾见过这么鲜活的动图，一时被这“黑科技”震住了，兴奋得连连赞叹。她之前只看过“动起来”的名画《清明上河图》，没想到在游戏里竟能看到复原的“百子桥”夜景。

第15集 “哥德堡号”茶精灵有请

借助三维高清投影技术，清代贝雕广州“百子桥”人物故事图摆件“复活”了。看到画中茶楼一派热闹景象，淘淘不禁喟叹一声：“要是现在也能喝喝茶就好了！”说来也怪，这话刚说完，空气里竟然隐约散发出一股茶香。淘淘低头一看，地图上竟然出现了一个新的文物点。淘淘疑惑地转头看向穗穗。

“这是隐藏的文物点，听到你想喝茶，就出现了。”

“啊？我就是随便说说。”

“那就恭喜你啦，无意间触发了隐藏任务。”

“这不会和‘琴声的召唤’是一个意思吧？只是‘琴声’换成了‘茶香’？难道秦汉时期的西汉铜熏炉散发的香味也是这个意思？”

“再次恭喜你，答对了！你真聪明，一点就通！”穗穗赞赏道。

空气里的茶香越来越淡了。

“哎呀，咱们别聊天了，茶香快要闻不到了。”淘淘快速地开始研究地图。“我知道了，我们现在应该往东走。”

穗穗再一次招来云团。

“还好还好，你们终于来了。”一个又尖又细的声音突然响起，把淘淘吓了一跳。她循声望去，看到一个虚拟展柜，里面有一个拇指大小、浑身晶莹剔透的精灵，正坐在一个茶叶罐上，声音正是它发出的。“想喝茶吗？快去取水来！”

淘淘和穗穗环顾四周，发现她们在一个茶叶铺子内。

淘淘不明所以，但很好奇。她听从茶叶精灵的吩咐，找来一排杯子倒满水，放在茶叶精灵的跟前。只见这茶叶精灵纵身一跃，在半空中飞了起来，几个轻盈的盘旋后，来到杯子边，伸出手指在每个杯子杯口上方轻轻一点，说了声：“请喝茶吧！”

茶

淘淘不知道它在施什么魔法，虽觉得这泡茶的手法有点怪异，但还是拿起来试探性地喝了一口。

“真香！太好喝了！”淘淘连连赞叹。

“我刚才投入杯里的是从瑞典‘哥德堡号’沉船中打捞出来的福建白毫茶中提取出来的精华。”茶叶精灵指了指身下的茶叶，“1745年，有370多吨茶叶跟着‘哥德堡号’一起沉入海底，直到1986年才被打捞出来，至今已经270多年了，色香味仍存哦。”

“哇，270多年？”淘淘觉得太不可思议了，“听这名字肯定不是中国的船吧，竟然装了这么多中国茶叶？”淘淘好奇地问。

“‘哥德堡号’是瑞典东印度公司的一艘远洋商船，因瑞典哥德堡市而得名，曾三次远航到广州。”茶叶精灵介绍道。

“中国的瓷器和茶叶世界闻名。清代，广州是中国最大的茶叶市场。在‘一口通商’时期，广州更是全国对外贸易的唯一商港，所以全国各地的茶叶都会从内河运至广州，再装箱出口到世界各地。‘哥德堡号’就是当时往来于瑞典和中国的一艘远洋商船，在1745年返航驶入瑞典哥德堡港口的时候因触礁而沉入海底。幸好当时茶叶的防水防潮技术了得，所以很多茶叶即使泡在水下两百多年，仍然保存得很好，其中一部分甚至还能饮用。”

“天啊，原来是你！”茶叶精灵刚说完，不远处的一只圆形盘子突然激动地喊出来，“茶叶精灵，你还记得我吗？我是当年跟你一起随‘哥德堡号’沉入水底的青花斗鸡纹盘！”

“青花斗鸡纹盘？原来你也来了，太好了，太好了！”茶叶精灵站在茶叶罐上，开心得跳了起来。久别重逢，它们兴奋地碰碰头、抱抱肩，又蹦又跳。

淘淘与穗穗相视一笑，又有一件文物出现啦。

第16集 “哥德堡号”青花瓷盘

从“哥德堡号”沉船中打捞出来的270多年前的茶叶居然还能喝，这等神奇的事情让淘淘惊叹不已。茶叶精灵还跟当年一起被打捞起来的青花斗鸡纹盘重逢了，这跨越百年的缘分也让淘淘觉得不可思议。

茶叶精灵请大家喝了270多年前的茶，那青花斗鸡纹盘自然也不甘落后。只见它径直朝前滚去，即将倒下的瞬间，淘淘和穗穗忽然感到眼前一花，再定睛一看，她们竟然已经坐在了一个圆形的庭院里。

这庭院不大，坐落在高处，眼前奇花异果环绕，香气扑

鼻，庭院假山、花树、草地疏落有致，景色十分宜人。淘淘摸摸这、看看那，却不知这是谁家的庭院。

忽然，从草地上走来两只高脚长尾的大公鸡，鸡冠涨红，浑身翎羽偾张，怒视对方。淘淘看得心都揪了起来，生怕他们下一秒就斗到不可开交，不料，两只公鸡对峙着踱了几步之后，便各自低头专心地啄起了脚下的草籽。淘淘揪着的心这才放松下来。

茶叶精灵这时候“咦”了一声，接着了然地笑道：“青花斗鸡纹盘，你把我们都接到你这瓷盘子里来了，赶紧放我们出去，小心大家把你这里的花果都给摘了。”

院子里的一只公鸡突然抬起头来，“咯咯咯”地叫了几声后，开口说道：“别啊，跟大家开个玩笑，顺便让大家认识认识我而已，这就让大家出去。”

淘淘这才醒悟过来。很快，大家眼前又一花，回到了原来的地方，却看到那青花斗鸡纹盘仍在“嗡嗡嗡”地颤动着，过了好一会儿才站定。站定后它对着淘淘拱了拱手，说：“淘淘好，我是来自‘哥德堡号’沉船的青花斗鸡纹盘，刚才跟大家开了个玩笑，请多包涵。”

茶叶精灵迫不及待地直接跳到盘子的身上，问道：“当年我们在沉船时失散了，后来你是怎么回到广州的呢？”

“是瑞典的詹姆斯·凯勒先生在对‘哥德堡号’沉船进行水下考古时，把我打捞出来的。”青花斗鸡纹盘说，“瑞典人后来又仿照当年那艘沉船的式样，手工重建了一艘新船，我就跟着他们一起重走海上丝绸之路，回到中国。这趟旅程2005年从瑞典出发，2006年7月到广州。瑞典国王卡尔十六世·古斯塔夫把我作为礼物赠送给了广州市，后来广州市把我转赠给广州博物馆，从那时起我就一直住在这里了。”

“当年在船上只见了一面，没想到今天还能再见。”青花斗鸡纹盘还是不敢相信，“当年瑞典人可是非常钟爱咱们的，‘哥德堡号’足足装了 100 吨瓷器、370 多吨茶叶呢！我们失散了那么久，在这茫茫人海中竟然还能重逢，实在是太神奇了！”

第17集 花蝶纹广缎时装秀

“哥德堡号”沉船上的茶叶和青花斗鸡纹盘的久别重逢，让淘淘啧啧称奇，在去往下个文物点的路上还与穗穗热烈地讨论着。

淘淘和穗穗按着地图寻找离青花瓷最近的文物点，绕了好几个弯，来到集市。

集市里热闹极了。

淘淘正在寻找文物，突然见集市里大部分的人都聚集到一个圆圆的展示台边，一遍又一遍地喊着“花蝶纹广缎”，好像是在举行一个盛大的仪典。人们兴奋地欢呼着，热烈地鼓着掌。

淘淘走近仔细一看，原来展示台上有一大块叫不出名字的面料。这面料上有用白、绿、蓝、黄等色线，织成的小小的花蝶图案。图案的轮廓纹理都十分工整，色彩反差强烈，却不显得俗气，反而将面料渲染得绚烂夺目，有一种热闹、欢乐的气氛。

这面料在众人的欢呼下，仍然沉浸在自己的世界里，像在认真揣摩着什么技巧。不一会儿工夫，这面料像变脸一般，时而变成一件旗袍，时而变成一条裙子，时而又变成一件披肩，把大家的眼睛都看花了。

淘淘忍不住开口问道："穗穗，这是什么呀？"

穗穗回答说："这是清代的红色花蝶纹广缎。"

"它在做什么呢？"淘淘好奇地问。

"时装秀呀！花蝶纹广缎在展示它设计的服装。"旁边看时装秀的人回答道。

"哇，它还会服装设计啊，太了不起了！"淘淘竖起大拇指夸道。突然，她又想到一个问题："请问广缎是一种什么面料？"

穗穗答道："广缎，顾名思义，是产于广东省的一种高级丝织面料，纹样设计方面具有浓郁的岭南风格。广缎的图案和花型一般较小且零碎，但是花纹的轮廓、线条自然工整，繁而不乱。在配色方面，广缎通常采用一些反差强烈的色彩，比如大紫大绿这两种颜色，甚至会采用一些更加鲜艳的颜色来做对比，炫耀夺目。”淘淘连忙点点头，表示明白了。

另一旁的时装秀观众接着说道：“花蝶纹广缎在清朝时曾经作为贡品进贡到皇宫，在当时，花蝶纹广缎可是代表了广缎的最高水平。展示台上这件更是精品，是1960年由故宫博物院交给广州博物馆收藏的。”

花蝶纹广缎随着介绍上下挥舞起来，就像一只彩蝶在飞。

第18集 探秘“鬼工球”迷宫

淘淘看了花蝶纹广缎的时装秀，一边啧啧称赞，一边继续研究地图，制订下一步的计划。

忽然，地图上只留下右半边一个闪闪发光的点，上面写着“茶楼”两个字，其余内容凭空消失了。

几秒钟后，地图上又浮现出一条线路，起点是淘淘和穗穗现在的位置，终点是茶楼。

“这是地图给我们的提示。”穗穗说道。

“明白，现在就一个任务——找茶楼！不过，地图的这个变化好奇怪。”淘淘有点疑惑。

“剩下的文物可能因某些原因都聚集在茶楼了，地图才会出现这样的变化。”穗穗看着淘淘一脸疑惑的样子说道，“具体是什么原因，嘻嘻，去了就知道啦。”

“我懂，不可说嘛。”淘淘心里想。

淘淘和穗穗来到茶楼面前，只见这里人来人往，食客络绎不绝，茶楼里食物的香气也扑鼻而来。店小二在茶楼门口招揽着生意，里面的客人正在大快朵颐，桌上的点心正冒着热气。淘淘摸了摸自己的肚子，觉得有点饿了，可惜还有任务，不能品尝茶点，只能默默地吞一下口水。

“你是淘淘吧，快请进。”店小二看到了淘淘，连忙欢迎她进店。

“游戏时空里的人似乎都认识我。”淘淘低声对穗穗说。

“你才反应过来呀。”穗穗笑眯眯地说。

淘淘挠了挠头，笑着说：“我的关注点都在文物上。”

“请上二楼，‘贵客们’都等着您呢。”店小二把淘淘和穗穗迎往二楼。

“二楼有什么特殊的地方吗？”淘淘问道。

“哈哈，二楼比一楼清静一些，可以更好地交流。”店小二解释道。

淘淘和穗穗来到二楼。这里果然没有客人，静悄悄的。淘淘环顾四周，发现满是套着虚拟展柜的文物，这里莫不是要进行一场“文物聚会”？

淘淘和穗穗找了个位置正准备坐下，文物们突然间都“活起来”了，有的伸伸懒腰活动筋骨，有的互相打招呼。忽然，淘淘听见脚下隐约传来一阵闷闷的声音，似乎有人在呼叫。低头一看，淘淘发现有个圆球正挣扎着从一堆桌布中出来。原来，这圆球不知怎的被茶楼的桌布缠住了，一时半会儿竟脱不开身。

淘淘正想过去帮忙，不料旁边的一把扇子“啪”的一声自动打开，紧接着一群人从扇子里鱼贯而出，大家七手八脚，一会儿工夫就把圆球给救了出来。

“象牙镂雕蝠寿宝相花套球，你没事吧？”穗穗一下子就认出这个圆球正是象牙镂雕蝠寿宝相花套球。

那圆球长长地呼了一口气，说道：“谢谢你们，我没事了。”

“象牙镂雕蝠寿宝相花套球？”淘淘第一次听说这个

名字，觉得很有趣，下意识地轻轻念出来。

“怎么，你不认识它呀？”见淘淘在那里嘀咕，有个人过来跟她搭讪。

“我确实不认识它，也是刚刚才知道它的名字，你们很熟悉？”淘淘问道。

“对，我们经常在一起玩。你不知道，这象牙套球简直就是一座迷宫，可好玩了。”那人乐滋滋地说道。

听到“迷宫”二字，淘淘顿时来了兴趣，朝那象牙套球望了过去。这是一个白色镂雕象牙套球，光泽饱满，表层刻着细密繁复的蝠寿字样和宝相花纹，从镂空的缝隙看进去，里面似乎层层叠叠。

那象牙套球正在人群中说话，一抬头看到淘淘正看着它，便向她招了招手，说：“淘淘，要不要过来一起玩？”

淘淘大喜，赶紧过去，只见前面四五十人排着队，欢呼着消失在象牙球的镂空孔洞中。

淘淘和穗穗也跟着进去了。进去后，淘淘发现里面是球中套球，大有乾坤。她细细数了一遍，发现这球竟有17层！更妙的是，层层相套又能自如转动。淘淘和大家一起在各层之间穿梭往来，确实像走迷宫一般，她玩得不亦乐乎。

“好玩吗？”象牙套球见众人玩得这么欢乐，心里挺满足的。它一边轻盈地滚动起来，一边缓缓地说：“大家有所不知，广州牙雕至今已有2000多年的历史。在明清时期，得益于广州优越的地理环境和繁荣的对外贸易，牙雕工艺更是得到快速发展。”

说着说着，象牙套球就“滚”到了场地中央，继续得意地说：“我们象牙套球制作程序繁复，技艺要求高，内分数层，层层相套，却转动自如，图像交错隐现，又被称为‘鬼工球’。经过代代匠人的钻研创新，广州牙雕凭借镶嵌、雕刻、编织三大类技法称雄全国，套球最高可达50多层。至于我嘛，大家也看到了，是由17层空心球体连环嵌套而成的，可以说是体现广州牙雕鬼斧神工技艺的经典之作，融合了广州能工巧匠的智慧。”

淘淘听了猛点头，连声赞道：“鬼工球，鬼工球，鬼斧神工，这名字起得可太贴切了！”

第19集 清代广钟技惊四座

淘淘和大家一起钻进象牙镂雕蝠寿宝相花套球里，领略了“鬼工球”的精妙工艺，不禁大为惊叹。可能是第一次玩的缘故，象牙套球转动起来后，淘淘不一会儿就感到头晕目眩，只能让象牙套球停下来。

淘淘连忙从象牙套球内钻出来透透气。她一出来，便听到一阵悠扬的音乐声，还有兴奋的欢呼声：“转起来了！转起来了！”此时的二楼来了好多人，正围观着什么，淘淘、穗穗和象牙套球也连忙跑过去看个究竟。

原来大伙正围着一个座钟研究。这个钟大约有半人高，分三层，表面饰以颜色鲜艳的黄、绿、蓝各色透明珐琅与细密繁缛的西洋花纹，造型华贵精致。在音乐的伴奏下，底层正面钟表两侧的料石花开始旋转，中层四字横幅字样轮换，顶层瓶体腹部转花变换形状和颜色，顶端大花的花瓣开合有致，像一个奇巧的机械大玩具，五彩斑斓，精妙绝伦，把大家都看呆了。

“这不是当年跟我一起进贡到皇宫的广钟大哥嘛，没想到您今天也重新转起来了，真是难得一见啊！”象牙套球惊喜地喊道。

“好久没见到老友了，我也忍不住凑凑热闹，活动一下老骨头。我是清代铜镀金珐琅瓶变字转花开花钟，各位见笑了。”这广钟声音沧桑，话语谦逊，但它身上的转花开花机械却巧妙灵动得很，正面的时钟也走动了起来，一时间让人忘记它已是一个超过两百岁的古董钟。

“我的这位老朋友太谦虚了，说到广钟的辉煌历史，可能三天三夜都说不完呢……”象牙套球看到相识多年的朋友，高兴极了，忍不住帮老友“炫耀”起来。

“西洋钟表最早是从广州进入中国的。早期广钟的制作工艺并不出色，但在舶来钟表的影响下，广州的制钟工匠们开始结合中国的传统工艺仿制欧洲钟表的机械装置，并融汇中西工艺精华和艺术风格，制造出具有浓郁民族风格的钟表精品。广钟的质量飞跃性提升后，清代好几位皇帝都成为它忠实的‘粉丝’，所以它常作为珍品进贡宫廷。我的这位广钟老哥便是其中的佼佼者，它华贵精确，融合中西的造型风格，体现了清代广州工匠的高超技艺。最后补充一句，如今在北京故宫博物院里收藏的清宫旧藏钟表中，广钟可是占了不小的比例。”象牙套球像个百事通，把广钟的来龙去脉说得头头是道。

“多谢象牙套球老弟的推介！也多亏故宫博物院的文物修理专家，帮我重新上了发条，让我还能走动计时。趁着身子骨还硬朗，今天我再给大家表演一个报时，祝大家吉祥如意。”众人听说还有表演看，都屏息静气地等着。过了一会儿，只听到老广钟响起一阵报时声，报时之际，它那瓶顶的红花盛开，中层四角绿树转动，钟底出现“喜报长春”字样，洋溢着新春的喜气。

“太神奇了，老广钟爷爷很适合当吉祥物啊！”淘淘看得欢欣雀跃。

第20集　叮！请查收来自广州的扇子

镇海楼里的铜镀金珐琅瓶变字转花开花钟看到老朋友象牙镂雕蝠寿宝相花套球秀才艺，一时技痒，出来演示了转花、变花以及报时等清代广钟特有的复合工艺，让众人大开眼界。

淘淘混在围观的人群中，忽然发现身旁的正是在象牙套球里一起玩的人，便热情地跟他打招呼道："嗨，你好！我叫淘淘！还没请教你是？"

"混合骨庭院人物图样板扇可以是我们中的每一个人，我们每个人也可以是这把混合骨庭院人物图样板扇。"那人像念绕口令似的打趣道。

淘淘这才想起，他是跟着一群人从一把扇子里跑出来的，这扇子就在一旁立着，半开半合的。它看上去和传统的折扇很不一样，更精致华美，但因为没有完全打开，看不清楚它的真实模样。

"要不我来给你介绍介绍吧？"象牙套球看淘淘好奇，嘴快地说道。淘淘眼里冒着光地点点头。

那扇子扭扭身子，仿佛已经准备好要展示自己了。

“明清时期，作为中西贸易的重要枢纽，广州还以生产和出口外销扇著称。这类扇子材质多样，巧夺天工，风靡西方世界，特别受西方王公贵族的喜爱。当时为了方便西方客商挑选，广州的外销扇店家特地制作了各类样板扇，让客户可以直观地感受到扇子的材料、手感、视觉效果，以提升订购的效率。”

随着象牙套球的讲解，那把扇子也缓缓由半开半合状态到完全打开，尽力展现自己身上的各种特点和细节，象牙套球顺势将它举起来，让更多的人能看清楚：“你们看到的这把扇子可不简单，它汇集了清代广州众多雕刻工艺：扇骨用不同材质雕刻成不同图案，两侧外骨为铜鎏金柳亭人物纹，其余扇内小骨分别为茜红象牙雕人物花卉纹、贝雕人物纹、银鎏金累丝烧蓝宝相花纹、象牙雕庭院人物纹、玳瑁雕庭院人物纹和檀香木雕庭院人物纹。”

象牙、玳瑁、檀香……一连串的名词让淘淘听得目瞪口呆，想不到一把小小的扇子材质如此丰富，做工如此考究。象牙套球继续饶有兴致地介绍："你们再仔细看它的扇面，彩绘了三个开光。正中为广州风景图，描绘的是河道蜿蜒，一艘广船'大眼鸡'正扬帆，两岸群山叠翠，宝塔、民居、行人隐现其中；另外两个开光绘的是庭院人物图，四周描银绘花篮绶带、乐器、花卉等吉祥纹饰；另一面绘宴席图，共计五十人，人物面孔用象牙制作粘贴，服饰用丝绢剪裁贴上，可谓极尽奢华精美。这柄小小的折扇，展现了当时广州工匠极致的制作技艺。当时很多欧洲贵夫人都以拥有这样一把来自广州的扇子为荣呢！所以说，别怨它平时喜欢显摆，它确实有显摆的资格。"

那扇子听了象牙套球的这顿夸赞，很是受用，开心得扑棱扑棱地挥舞起扇面，给大家带来阵阵清凉的微风。

第21集 黑漆描金茶叶盒“密室探险”

外销扇带来的阵阵凉意让大家心情舒爽。正当大家惬意享受时，突然有个声音响起：“当年我外销到欧洲也很受欢迎的，还被誉为‘东方珍宝’呢……”众人循声看去，发现在外销扇的脚边有一只长方形木盒。那盒子为黑色漆面，上有描金图案，华丽贵气，略显神秘。

淘淘与众人好奇地围拢上来，才发现那盒子是密闭的，什么也看不到。大伙正寻思着这是个什么盒子，却听“啪！”的一声，只见那盒盖突然弹射开来。众人吓了一大跳，等回过神来，才看到盒里还有一层盒子。

“这是锡盒，也是用来装茶叶的！”淘淘一眼就认出这内盒和当年“哥德堡号”运载茶叶的罐子一样，都是用锡做的。

“嘿嘿，没错，我是清代黑漆描金人物故事纹内锡胆茶叶盒，外漆描金、内装锡盒就是我的标志。你们要不要进来玩一会儿？”那盒子的盖上下跳动起来跟众人打着招呼。正说着，内盒那层锡盖也弹开了，露出一道缝隙，同时盒身突然变大，足够容纳数十人的样子。

跟通透的象牙套球不一样，那盒子里面黑魆魆的，看不清有什么。大家正犹豫要不要进去时，淘淘止不住好奇心，拉着穗穗就先进了盒子。

“啪嗒！”众人刚一全部走进那道缝隙，锡盖就合上了，瞬间漆黑一片。“啊！”众人惊慌起来，不知发生了何事。

“哈，大家别慌，欢迎来到黑漆描金的世界！”茶叶盒话音未落，盒子的四面内壁就浮现出描金图的光影。淘淘发现，这些图案正是茶叶盒身四面的图案，有人物宴席图，有《三国演义》的张飞挑灯夜战马超图……一幅幅图案精妙绝伦，富丽堂皇，如走马灯般流动起来，让人仿佛置身幻境。

淘淘和众人忍不住惊叹："太美了！"一时间，大家都忘了刚才身处密室的幽暗和恐惧。

"大家现在看到的是我们中国古老的传统工艺黑漆描金。清朝时，广州商人利用漆器防水防潮的特点，结合欧洲当时流行的洛可可风格，将黑漆描金经典工艺发挥到极致，生产出许多像我这样精美华贵的外销茶具。这些外销茶具沿着海上丝绸之路远销欧洲，成为欧洲贵族及宫廷追捧收藏的东方时尚珍品。因此我们也是中西贸易和文化往来的历史物证。"与其他文物一样，茶叶盒也开启了自荐模式。

"咦？这里有个小孔，怎么，一个茶叶盒还要上锁

吗？”淘淘突然在盒子内壁发现了一个小孔，像是一个锁孔。

“说对了，我就是一个能上锁的茶叶盒。”那茶叶盒似乎早就料到会有人这样发问，笑嘻嘻地回答，“曾经，我们中国出口的茶叶在世界各地都是奢侈品，欧洲只有贵族和富人才能享用。他们家中茶叶遭窃或被仆人偷喝的情况时有发生。英国人为此发明了一种能上锁的盒子来保管茶叶，主人出门都随身带着钥匙。后来这种做法流行了起来，需求量也越来越大。嗅觉灵敏的广州商人便抓住这个商机，设计出像我这样带锁的茶叶盒，配上浓郁中国风的黑漆描金工艺，果然一路畅销海外。”

听完这带锁茶叶盒的介绍，淘淘心里一阵喜悦：历史知识又增加了。

第22集 解密香水瓶银器工坊

淘淘和穗穗进入清代黑漆描金茶叶盒里，经历了一次有趣的“密室探险”，还长了不少知识。不过那茶叶盒密封性着实好，待久了有点憋闷，淘淘和穗穗很快便出来了。她们一出来，正好发现茶楼二楼又出现一阵骚动，原来是一只瓶身近似长方体的银色瓶子正走到桌子上展示自己。它身材修长，线条优美，头上戴着一个锥形钮玻璃塞，看上去是一个别致小巧的银器。

“嘿，没想到银鎏金累丝烧蓝山水纹嵌玻璃内胆香水瓶也出来了，这个‘工作狂’之前可是只喜欢待在它的银器工坊里。”黑漆描金茶叶盒低声说道。

一旁的淘淘听到这话，惊讶得眼睛都瞪大了：“它有一个银器工坊？”

“好热闹啊，可惜，我出来晚了，没赶上。”这香水瓶

虽说一直宅着，但出来之后倒也不怵。“好久没出来活动活动了，要不你们一起到我的小工坊走一走，看一看？”香水瓶向大家发出了邀请。

“难得啊！平时这家伙把自己的工坊藏得紧紧的，没几个人知道，想不到今天竟愿意开放让大家参观。”黑漆描金茶叶盒充满期待地说。淘淘听到可以探访神秘的银器工坊，也非常兴奋，翘首等着。

这瓶子没再多说，用力一拍瓶身，“砰”的一声，一阵劲风扑面而来，眨眼间，一座银白色的房子已经出现在众人面前。

“各位请随我来吧！”

淘淘、穗穗与众文物跟着香水瓶刚踏入工坊，一股热浪便扑面而来。放眼看去，各种制作工艺如鎏金、累丝、烧蓝等，都已经划分好了工作区域，工具材料也都放置得井井有条，还有一个敞开的大壁柜，里面放的是餐具、茶具、墨水台、笔架等各式各样的银器，让大家叹为观止。

“这香水瓶果然是个工作狂，天天捣鼓，竟然做出这么多银器！”黑漆描金茶叶盒再次感叹。

“大致从明朝开始，广州工匠已名闻天下。清朝实行‘一口通商’后，广州首开‘洋装’银器先河，率先大规模生产符合外销需求的银器，产品风行海外。早期外销银器多采用我国古代传统的银鎏金和累丝工艺，后来渐渐演变成混合运用累丝、鎏金、银胎珐琅、锤揲、錾刻等工艺，将中西元素巧妙地合二为一，呈现出纹饰繁缛、华美亮丽的艺术风格。”

香水瓶对广州外销银器的历史如数家珍。它熟练地摆弄起台面上林林总总的工具和材料，并以自己为例讲解道："像我身上就综合了好几种工艺。看瓶身的累丝，这是一种制作金银器的传统精细工艺；瓶身上的柳亭、松树、宝塔等纹饰，是用烧蓝工艺制成的；此外，我的内胆还用了玻璃吹制技术。不谦虚地说，这些工艺凝聚了中西方文化精粹，兼具艺术性和实用性，代表了清代广州外销银器的高超技艺。"

香水瓶边说边娴熟地向大家展示自己银器铸造的精湛技艺，淘淘目不转睛地看着，直呼过瘾。

第23集 象牙细密画的求助

清代银鎏金累丝烧蓝山水纹嵌玻璃内胆香水瓶长期宅在银器作坊里工作，这次罕见地请大家参观它的工坊，还向大家展示了它银器铸造的精湛技艺，当真不可多得。展示结束时，围观的淘淘、穗穗和文物们正准备散去，香水瓶也准备收拾工具，突然，人群中有个小小的声音说道：“稍等。”

大家好奇地望去，原来是一个头发微卷、身着正装的西洋人，他手里握着一个直径不足10厘米的椭圆形带盖小盒，盖打开着，盒里镶嵌了一幅小巧精致的画作，画中肖像正是他本人的。

这位西洋人面带忧色，快步走到香水瓶身边与它低声耳语了几句，香水瓶的神情渐渐变得凝重起来，接着重重地点了点头，好像答应了他什么事。

过了一会儿，香水瓶站起来对淘淘、穗穗和众文物说道：“给各位介绍一下，这位洋人先生是从清代人物肖像象牙细密画里出来的。当时很多欧洲的水手、商人远渡重洋来到广州，为了能让大洋彼岸的家人安心，他们会在进入广州港后，请一位画师给自己画一幅画像，寄回家乡报平安。

“这位先生就是这样做的，后来因为各种变故，他的画像一直没能寄出去。他想趁着游戏时空的开启，让淘淘帮他把信息传播开去，找到回家的路。不过，他也挺纠结的，毕竟在这里生活了这么多年，不舍得离开，最后他想了一个折中的办法，希望我可以用工坊的技术和设备，帮忙复制一个同款的画像，如果幸运地找到回家的路，可以代替他回家看看。”

淘淘了解了事情的原委后，挺感动的。

“原来这位也是象牙兄弟，能不能多讲一点信息，这样我们也可以帮忙打听一下？”象牙套球得知这细密画也是在象牙上绘制的，很想帮帮他。

细密画上的那个西洋人听了，眼眶有些湿润，忙不迭地表示感谢，并告诉大家：“细密画是一种绘在书籍、徽章、象牙等材料上的精致图案，最早是作为装饰出现在埃及的卷物上。15、16世纪，以肖像画为主的细密画在欧洲盛行起来，在相机发明之前，细密画是远隔两地的人们寄托思念之情的珍贵信物。”

说着，他把手里小盒的盖又翻起来给大家看，继续介绍道：“随着西方绘画技法传入中国，清代的广州开始出现一群精通西洋画法的外销画家。这个盒盖背面的绸布，上面有红色的英文字样‘Hinqua’，说明我这个画像是出自这位画家之手。他是当时活跃在广州的一位知名油画家，我许多同伴的肖像也是他画的。在一小块象牙上绘制细密画，难度大、成本高且费时。我记得当时广州港出售的象牙细密画可以减免关税，袖珍精细的象牙细密画就成为游子的绝佳选择。它纪念了我们在广州的那段时光，并留传至今。”

听了象牙细密画人物的一席话，洵洵仿佛也能体会那小小画像隐含的思乡愁绪。人群中不时发出几声轻轻的叹息，那香水瓶银器更是加快了手中的活计，赶工制作象牙细密画需要的复制品。

第24集 “高级定制”广彩汤窝

清代人物肖像象牙细密画里的西洋人离乡多年，思乡情切，想通过淘淘让更多的人了解他，并求助香水瓶开动银器工坊，帮忙制作同款画像。大家正议论纷纷，思考有什么办法能帮他找到家乡的信息，忽然有个清脆甜美的声音响起来：“我可能有办法！”

说话的是一个汤盆模样的瓷器。它器型硕大，宽口深腹，带着帽盖，还配了托盘，盖钮、双耳及盆沿都以金彩装饰，器身绘制了一幅四方游人漫步赏春的纹样。整个瓷器花色绚丽，做工考究，精巧细腻，非常吸引人的眼球。

“如果瓷器姐姐能帮忙，那真是太感谢了！”象牙细密画听说有办法，连声向它道谢。

“不客气，不客气！我刚才在想，我跟细密画中的这位先生的年代可能很近，我是英国考尔菲尔德家族定制的广彩套装餐具中的一件，当时

大约是 1825 年，我参加过大家族的聚会，见过不少人。给我一点时间，我就能回忆起当时的人和事，兴许可以帮细密画里的先生找到一些有价值的信息。”美丽的瓷器说话也让人如沐春风。

“大家族的定制餐具？跟我们现在流行的高级定制是不是很像？”淘淘好奇地问。

“对的对的！其实我正式的名字叫广彩人物纹章纹汤窝。在明清外销瓷中，我们餐具是一大品类，畅销欧洲各国。我是随着西餐分餐制而出现的一种外销瓷新器型，可以用来盛放汤和炖制菜肴，是当时餐桌上最华丽、器形最复杂的器皿。其实在清代乾隆之前，像我这样的定制餐具并不多见，随着分餐制和欧洲私人聚会的流行，成套定制的餐具才开始逐渐增多，有时一套可以多达几十件甚至上百件。”

“咦，我发现您身上有好几处都是同一个纹样，像一个徽章，是不是跟定制的大家族有关呀？”淘淘仔细打量着汤窝，有了新的发现。

“没错，说起我身上这纹章纹，还真是有故事的，不过我想先考考你，知道什么是广彩瓷吗？”汤窝顽皮地反问淘淘。

“我当然知道，广彩瓷是广州织金彩瓷的简称，是清代专门为外销而生产的釉上彩绘瓷器品种，也是外销瓷中最具特色的品种之一。”淘淘迅速且流利地回答道。

“嘻嘻，难不倒你啊。严格地说，我属于纹章瓷，是在广彩瓷基础上发展起来的一种外销瓷，是由广州工匠按照欧美商人提供的纹饰图案，专门为当时欧洲贵族烧制的特殊瓷器。你看到我身上的这些纹章纹，是专门为考尔菲尔德家族设计定制的家族纹章。我们纹章瓷做工考究，造型特别，制作精美，纹章就是我们的特殊标记。清朝的广州作为世界性的大港，是纹章瓷订购和出口基地。说起来我们也是中西贸易和文化交流的历史见证。”纹章瓷汤窝骄傲地说道。

“了不起！”淘淘赞叹道。

第25集 《长兴学记》有件要紧事

广彩汤窝向淘淘介绍自己身上纹章纹的独特含义，一时间沉浸在自己的思绪里，不料脚底一滑，不小心撞到身边的一本册子。那册子“啪嗒”一声倒了下来，汤窝赶忙扶起它来并连声道歉。

奇怪的是，这册子被撞了也不慌不忙，嘴里还念念有词：“志于道，据于德，依于仁，游于艺……”

“这位先生，您没事吧？”广彩汤窝小心翼翼地问。

“没事没事，读书才是要紧事，学好了才能变法图强！”这册子一本正经、答非所问的样子，引得众人哄堂大笑。大家仔细一看，才发现这册子封面写着“长兴学记”四个大字，书页看着有些年头了。

“请问你是一本书吗？”淘淘好奇地发问。

“我不是一本书，我是清代康有为先生为万木草堂所撰写的学规——《长兴学记》全册，是由康先生手定的。”那册子有板有眼地回答道。

“万木草堂？我听爸爸说那里出了不少大人物，包括‘戊戌六君子’之一的康广仁，戊戌变法的骨干梁启超，还有曾经叱咤羊城的江孔殷，你见过他们吗？”淘淘兴奋地叫了起来。

“是的，我就是来自这个著名的万木草堂。1891 年，为了宣传维新思想、培养维新变法人才，康有为先生在广州创办了万木草堂。为规范教学，康先生亲自写下我这部学规，确立了‘志于道，据于德，依于仁，游于艺’的学纲，作为万木草堂的教育宗旨。”

说完，《长兴学记》一个腾跃飞到空中，把内页翻得哗

哗作响，让大家好速览一遍万木草堂的学规。众文物眼睛都瞪大了，想不到一本文绉绉的册子也有如此身手。

回到地面后，《长兴学记》继续说：“万木草堂是当时的新式学堂，康先生主要从学纲、学科、科外学科三个方面设置课程。这些课程内容中西并蓄，还强调德、智、体、美四育结合，属国内首创，所以能培养出大量‘经世致用’的人才也就不足为奇了。即使放在今天，我们学堂的很多内容也不过时，你们愿意跟我一起读书吗？”

众人看那《长兴学记》三句不离读书，都觉得他执着得有点可爱。

“那您能给我们当老师吗？”淘淘笑着逗他。

《长兴学记》沉吟了一会儿，认真答道：“老师不敢当，不过我可以跟你们说说当年康先生是怎么讲学的。他上课的时候是不用书本的，常常一讲就是几个小时，还是不停歇的哦。学堂里还有数万册的藏书，都是康先生的珍藏，供学生们阅读，就像今天的公共图书馆。我记得后来梁启超先生还在文章里回忆过他在学堂度过的美好时光呢。”

“真有意思！我想把万木草堂的故事告诉更多人。”听到淘淘的话，《长兴学记》连连点头说：“当然可以！这个想法太好了！”

第26集 “石湾公仔”拍蚊公爱搞怪

《长兴学记》刚讲述完万木草堂的故事，人群中突然传来清脆响亮的“啪”的一声。大家扭头看去，只见一个身穿粗布宽衣、脚蹬木屐的汉子正拍打着自己的腿，似是要打什么，但没有打中。他顿时站了起来，趿拉着木屐追着那东西跑。看他裸露在外的古铜色皮肤和敏捷有力的动作，就知道他身体结实得很，完全不必担心会追不上。

果然，只一会儿工夫，这汉子就把那东西拍打了下来，他摊开手掌满意地笑了起来，转头发现众人都在看着他，便大大咧咧地说：“大家好，我是石湾窑刘佐潮制素胎拍蚊公陶塑像，咳咳，名字有点长，你们叫我拍蚊公就好了。”

他刚说完，突然脸色一变，抬手又是一掌，“啪”地一下拍在腿上。

难怪叫“拍蚊公”。淘淘好心劝说道：“拍蚊公，你一直在拍蚊子，怕是招蚊体质吧？可能换成长衣长裤会好点。”

拍蚊公大笑说道：“你的好意我心领了，但是不行啊，石湾窑刘佐潮大师把我从一把顽泥塑造成如此完美的作品，相当于我的再生父母，我不能轻易改了他的创作造型。”

“石湾窑是什么？刘佐潮又是谁啊？”淘淘和文物们小声地讨论着。

拍蚊公介绍道：“石湾窑是岭南地区以烧陶为主的民窑，自明清时期开始，以生产丰富多彩的彩色釉陶和卓越的陶塑艺术广受人们喜爱，以‘石湾公仔’最为出名。刘佐潮大师是清末石湾陶塑名家刘辉胜的儿子，很小的时候就跟随父亲学习陶艺。他精研陶艺，技术全面，善于将石湾乡间市集的民间情趣移植于陶塑作品之上，尤其擅长塑造像我这样的市井小民形象。我就是他的经典之作，所以流传至今。”

听了拍蚊公的介绍后，淘淘细细地打量着拍蚊公，只见他表情精微生动，造型朴拙凝练，陶塑大师将这位乡人瞪眼、张口、举手打蚊的瞬间塑造得栩栩如生。

“刘佐潮大师的作品，线条收放自有分寸，细微处较为紧密，刻画神态入木三分，行家们用‘擒缩’来形容这一造型特点。此外，他施釉时还善于用乳绿、乳蓝、乳黄、灰黑等色珐琅釉显现纹理，首创的高温胎中温釉冰裂纹制作方法使作品表层质感明显，纹理丰富耐看。所以，无论如何，我是万万不能改动大师作品原貌的。”拍蚊公说完，顺便将手和衣服都抬高给大家看。大伙摸了摸，果然如他所言，这陶塑的质感极佳。

大伙正探头认真看着，拍蚊公突然猛地将手一缩，接着又是“啪”的一声，把众人都吓了一跳，他却嘿嘿笑起来，原来是一个小小的恶作剧。

此时，淘淘手中的地图陡然强烈震动起来，茶楼二楼里的文物们突然都回归到自己原先待着的虚拟展柜里，一动不动。淘淘打开地图一看，她在明清时期走过的线路在地图上都被清晰地标记出来了。

淘淘这下明白了地图为什么总是发生变化。原来，明清时期的任务是引导她找到她在唐宋时期思考过的问题的答案。淘淘在明清时期走过的路，连接起来就是两个大大的字——传承！

淘淘心想："是呀，这里的每一件文物都很珍贵，我在明清时期收获了这么多，比如威尼斯银币的来历、寒涛琴的琴声……这些总不能只有我一个人知道吧？我希望现在的人、以后的人都能领略文物与历史的魅力。"

我能做些什么呢？

大约是传承。

地图在淘淘的手中慢慢消散，明清时期的时空空间也缓缓化作云烟散去。

民国篇

第27集 大元帅签发手令到！

民国时期开启。淘淘和穗穗此刻正处在一个防空洞内。

淘淘四处转了转，没有发现出口。

“穗穗，这里没有出口？”

穗穗点点头，说道：“是的，只有完成民国时期的任务，才会出现出口。”

“啊？这个消息也太令人难过了。”淘淘不开心地说道。

“好消息是民国时期对应‘穿粤记’游戏的最后一层，民国时期任务完成后，你就可以回家了！”穗穗在淘淘身边转了一圈，笑吟吟地说道。

淘淘和穗穗正聊着天，忽然不知从何处飞来一张纸，在防空洞高处悠悠地飘着。

穗穗立马飞到半空中，第一时间就把上面的字尽收眼底：“原来是孙中山大元帅在1923年签发的大元帅手令啊。”这白纸上面装裱着两张微微发黄的旧式信纸，每张信纸的顶端赫然印着“大元帅令”四个大字。

“没错，自从辛亥革命失败后，为捍卫共和，孙中山先生三次在广州建立革命政权，其中两次在大元帅府开府办公，领导中国民主革命。1917年，孙中山先生在广州建

立大元帅府，领导护法运动，与北洋军阀进行斗争。1922 年陈炯明发动叛变后，孙中山先生离开广州避居上海，1923 年就再次回到广州，设立陆海军大元帅大本营，就任大元帅。这两张手令就是当时孙中山先生在大元帅府签发的，分别下令让财政厅厅长向当时的军长李福林、会计司向黄明堂发两万元军费。” 这大元帅手令在空中慢慢将自己卷成了一个喇叭，它的音量也随之增大了。

大元帥府

“广州有座大元帅府我一直知道，但是我还没去过，没想到里面还有这么多故事。”洵洵对这段历史很感兴趣，听得津津有味。

“其实大元帅府原来并不叫大元帅府，而是广东士敏土厂。士敏土是英文‘水泥’的音译，那里曾经是南方最大的水泥厂，大元帅府现存的南北楼两栋建筑就是当时士敏土厂的办公楼。”

“一家水泥厂的办公楼为何会被孙中山先生相中，两度成为大元帅府呢？”洵洵好奇地追问道。

那大元帅手令慢悠悠地飘落下来，正好落在洵洵的面前。它继续介绍道：“孙中山先生之所以选址广东士

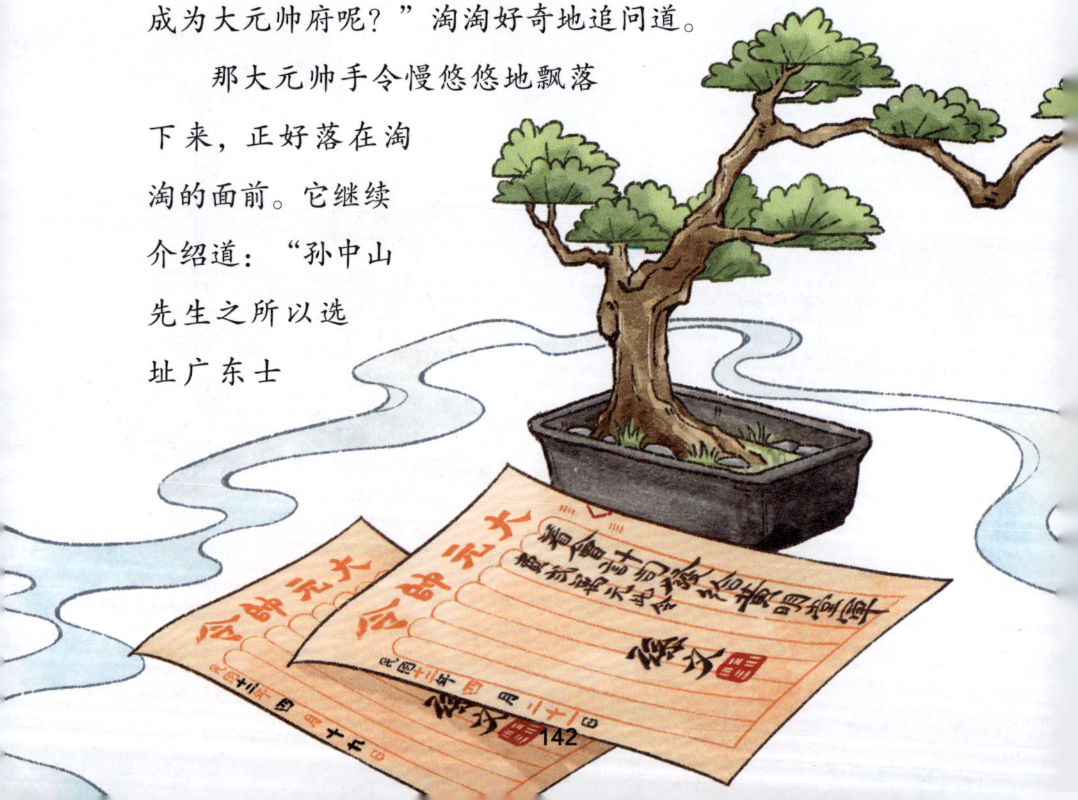

敏土厂，一是因为位置安全，水泥厂所在地‘河南’也就是今天的海珠区，是由支持孙中山先生的李福林所控制的；二是因为交通便利，大元帅府离城区仅一江之隔，正门面对石涌口码头，孙中山先生当时出入都以船代步。作为民主革命的大本营，孙中山先生的许多重大革命决策都是在大元帅府做出的，这两张大元帅手令就是孙中山先生亲自签发的。”

“这么说来，你也是见证了广州革命历程的重要物件！”淘淘一边说着，一边朝大元帅手令竖起了大拇指。

大元帅手令听了，微微含笑说：“呃，不敢当，不过我确实是那段波澜壮阔的历史的见证者之一。领导国民革命运动、组织北伐、改组国民党、确立国共合作、筹建黄埔军校，这些载入史册的决策都是孙中山先生在广州的这段时间实施的。1924年国民党一大，将旧三民主义发展为新三民主义，采取了联俄、联共、扶助农工的各项举措，大元帅大本营政府以更加积极的态度扶助和发展工农运动，使广东工农运动迅速兴起和发展，并成为全国工农运动的中心。这些举措巩固和发展了广东革命根据地，对后来的历史走向产生了重要而深远的影响。”

黄埔潮
大元帥令

第28集 《黄埔潮》珍档揭秘

大元帅手令向淘淘介绍了它所见证的历史风云后，捅捅身边的一张纸，说：“《黄埔潮》，我觉得你也应该讲讲你的故事，我知道，你也见过好多大人物呢。”

这张纸颜色发黄，边角还多有破损，抬头是“黄埔潮”三个黑色大字，乍一看，着实不起眼。

“嘿！”大元帅手令问道，“你应该听说过黄埔军校吧？”

淘淘点头。

“那你知道吗，黄埔军校又被称为‘将帅的摇篮’，这里走出了许多元帅、大将和上将，大革命时期为国共两党培养了众多声名显赫的政治军事人才，关于这一点，《黄埔潮》应该最清楚了。”

“我听说周恩来、恽代英、叶剑英、徐向前、聂荣臻、陈赓这些大名人都曾在黄埔军校里工作或学习过呢。”淘淘也提了一嘴自己知道的几位革命先辈的名字。

大元帅手令继续介绍：“1924 年 5 月，黄埔军校在广州东郊黄埔长洲岛成立。这是在第一次国共合作背景下创办的一所新型军事政治学校，中共广东区委积极参与了创办军校的各项工作。军校初期弥漫着革命气氛，新三民主义、十月革命、共产主义思想的书随时可以买到。军校政治部主办的《黄埔潮》创刊于 1925 年 10 月，是黄埔军校创刊时间最早的革命刊物，以登载政治论文和时评文章为主，也是在军校中发行量和影响力最大的刊物之一。这张《〈黄埔潮〉开学纪念特号》就是这段历史最好的见证之一。”

看到众人听得入了迷，那《黄埔潮》终于开口了：“不错，大家可能认为黄埔军校只是一所军校，事实上它不是一般的军校，它把政治教育提到和军事训练同等重要的地位，注重培养学生的爱国思想和革命精神，这方面我最有发言权了。当时有不少共产党人在黄埔军校内任职，如周恩来担任政治部主任，恽代英、萧楚女等人担任教官；而且军校政治课的讲授和革命刊物的编写，大多是由共产党员负责，他们经常在《黄埔潮》发表文章，宣扬革命思想。孙中山晚年的‘联俄、联共、扶助农工’三大政策最初也是共产党

人通过《黄埔潮》提炼、概括并宣传出来的。很多原本无党派或已加入国民党的人士，通过《黄埔潮》与共产党员交流，最终选择了将共产主义作为自己毕生追求的信仰。可以说，共产党员和党组织以自己的政治远见和模范行为影响了军校，为黄埔军校的创建和发展作出了重要贡献。淘淘，如果你有机会，一定要把这些历史都告诉大家。”

“好！”淘淘郑重地点了点头。

防空洞的墙壁上隐隐约约出现了门的轮廓。

“淘淘，你看，出口逐渐显现了。”穗穗兴奋地指向出口。

“耶！我快要回家咯！”

第29集 英雄证章亲历广州解放

珍贵密档《黄埔潮》讲述了自己亲身经历的黄埔军校故事，让淘淘仿佛穿越到了军校的那段岁月。接连听了大元帅手令和《黄埔潮》的两场“故事会”，淘淘拊掌叹道：“过瘾！只不过百年间，这里就发生了这么多大事件，涌现出了这么多叱咤风云的人物，广州真不愧是一座英雄之城。”

“要说英雄，也少不了它们呢。”一个声音接过了淘淘的话。

“谁？”淘淘环顾四周，才发现有一块长方形布条在自己身后，布料已经发黄，上面印着“三区中队”四个字，看起来也是有些年头了。

“请问你是哪位？刚才说的英雄还有谁？”淘淘饶有兴致地问道。

“喏，就是他们！”那块布指了指自己胸前的“三区中队”四个字说，“我是中国人民解放军的证章，1949 年我跟随人民解放军进入广州，亲身经历了解放广州的战斗，也想把自己知道的故事告诉你。”

“快讲快讲！”又有故事听，淘淘再次竖起了耳朵。

“新中国成立之初，江南各省的广大地区和主要城市虽然相继解放，但仍有不少国民党残余部队散布在华南、西南和西北地区。1949年8月，中共中央任命叶剑英为新的华南分局第一书记，部署解放广东。1949年9月28日，叶剑英和陈赓根据赣州会议的部署，联名签发了《广州外围作战命令》，决定由第二野战军第4兵团、第四野战军第15兵团、两广纵队、粤赣湘边纵队、粤中纵队等组成三路大军，分别进军广州。新中国成立后的第二天，广东战役正式打响，三路大军按既定部署，向广东挺进。10月6日至7日，人民解放军解放翁源、韶关、曲江、仁化等市县，突破了国民党的‘湘粤防线’，随即沿粤汉铁路向广州进军。三路大军紧密合作，进展神速，10月13日，国民党拼凑的三道防线全部被摧垮。”

“真神勇啊！”淘淘仿佛身临其境，感受着广东战役的惊心动魄。

三區中隊

那证章接着说了下去：“据我所知，解放广州前夕，在广州的云台山，进军广州的先头部队第四野战军第15兵团的解放军和正在撤退的国民党军发生了一场遭遇战。在这场战斗中，解放军共歼灭敌军500余人，自身伤亡150余人，50名官兵长眠于此，他们牺牲在广州解放的前一天。值得欣慰的是，突破最后一道防线后，10月14日，负责夺取广州的第15兵团率先进入市区，分别迅速占领各个重要机关，兵团主力随后跟进，在中共广州地下组织的配合下，华南最大的城市广州宣告解放。除了海珠桥被炸毁和少数几个仓库被破坏之外，广州城未遭受严重的破坏，基本完整地回到人民的手中。”

“英雄的城市，英雄的部队！证章兄弟说得没错，他们的名字必须被铭记。”听完广州解放战斗的这段历史，淘淘变得更加肃然。

第30集 广州解放升起的第一面五星红旗

人民解放军证章讲述着当年解放广州的战斗，淘淘正听得入神，突然眼前一花，感到一片漫天红光铺天盖地而来。

“哎哟！”淘淘惊叫一声，正想用手遮挡，不料那红光猛然一收，刹那间眼前已恢复清明，再看看防空洞，中间已竖起一面昂扬的五星红旗。

淘淘小跑过去，绕着这五星红旗上下端详着。“啊，我知道了，这是1949年广州解放时升起的第一面五星红旗！爸爸给我讲过这段历史，我知道这面国旗的由来，也知道它来之不易。”淘淘辨认了一会儿，兴奋地叫了起来。

淘淘接着说道：“这面五星红旗，就是当年在珠江畔的东亚酒店升起来的那一面。广州还没解放时，共产党派地下党员萧响三进入东亚酒店，组织酒店工人成立了东亚酒店职工同乐会，并团结工人，组织广泛的统一战线。别看当时的东亚酒店是广州最大的酒店之一，但工人的工资十分微薄，加上物价飞涨，工人的生活十分困苦，大家都盼望着解放军能早日进城，好翻身过好日子。”

“1949 年 10 月 14 日，解放军进城的好消息传来，萧响三与东亚酒店职工同乐会的成员欢欣鼓舞，他们决定连夜赶制五星红旗，迎接解放军的到来。但是大家都是普通的穷苦工人，连一块红布都没有，怎么做国旗呢？正在为难的时候，一位员工正好发现当时的东亚酒店为庆祝中秋购置了十几匹红布，便悄悄地省下了一块红布，黄色五角星则是用一位同事捐出的黄色球衣加工后制成的。所以我才说这面国旗来之不易啊！”淘淘解释道。

“原来如此！”众文物恍然大悟。

“材料是有了，但是大家都没见过国旗啊，你们猜猜最后是怎么做出来的？”淘淘笑嘻嘻地看着大家，又卖起了关子。

大伙沉默了一会儿，摇了摇头。

淘淘便饶有兴致地继续讲下去："其实一开始，萧响三等人是想通过反复收听地下电报的方式来勾画国旗的图样。后来，大家发现萧响三的爱人从香港辗转寄来的一份《大公报》上，刊登有中华人民共和国国旗图样，众人欢欣鼓舞，便通宵加班把国旗缝制了出来。第二天拂晓时分，萧响三等人就把五星红旗从东亚酒店三楼的窗口举出，悬挂在窗口之外，迎接解放军进城。这是广州解放后升起的第一面五星红旗。不到半天，广州的大街小巷就都挂满了五星红旗。"

没想到这第一面五星红旗的诞生如此艰难曲折，结局又是如此鼓舞人心，大家听完故事后，不禁欢呼雀跃起来。那五星红旗也似乎被这欢乐的气氛感染了，高高地飘扬起来，发出猎猎的响声，还混杂着一阵阵锣鼓声、欢呼声，如波浪般一浪高过一浪。

大伙凑过去一看，原来那五星红旗身后的一个虚拟展柜中，有一张照片，正幻变为一段动态的影像。画面中，欢乐的游行队伍如潮水般不断地从远处涌来，人们手持红旗、鲜花，舞蹈、醒狮队伍也使出浑身解数，人人载歌载舞，红旗招展，气氛热烈。

三區中隊

“他们这是在干吗呢？”淘淘好奇地盯着这支欢乐的队伍。

“啊，我想起来了，这是1949年11月11日，在广州举行的庆祝解放大游行和人民解放军入城的仪式，当时好像有20多万人参加。我那天也跟着部队参加游行了，入城的解放军官兵一出现在广州人民群众面前，就受到大家的夹道欢迎。广州人民真是太热情了！”那解放军证章看着照片，回想起当时的情景，仍历历在目。

第31集 终于回家啦！

“要不我们也加入吧？”淘淘看得有点心动，小声地跟穗穗说。旁边一直没出声的五星红旗忽然轻轻一卷，淘淘、穗穗和文物们只觉得眼前一花，漫天红光闪过，下一秒就感觉身体轻飘飘地飞了起来。

“哎呀！”大家不免惊叫起来。过了几秒，定睛一看，原来大家都已经汇入那照片中游行的人潮里。

大家跟随游行的队伍一路往前走，走到府前路市人民政府门前，看到前方正是检阅台，上方悬挂着大红布横幅，上面写着“中国人民解放军解放广州入城式暨庆祝广州解放大会”一行大字，佩戴着中国人民解放军第四野战军第15兵团证章的部队正在检阅台前接受检阅。他们从检阅台前出发，一路向南，经过爱群大厦，再折回向北，最后回到检阅台前，场面壮观，盛况空前。淘淘、穗穗和众文物也兴高采烈地加入游行队伍中，尽情感受广州解放、重获新生的喜悦。

三區中隊
中国人民解放軍解放廣州入城式暨慶祝廣州解放大

一晃几个小时过去了，游行的队伍依然沉浸在欢乐的海洋里，淘淘、穗穗和众文物有点累了，大家停下来歇歇脚。

歇了一会儿，淘淘对那五星红旗说："时候不早了，咱们也该启程回家了，五星红旗大哥，请帮帮忙吧！"五星红旗点了点头，随即一片红光再现，眨眼工夫，大家都回到了防空洞内。

民国时期的任务已完成。

穗穗提醒淘淘，防空洞的出口已经完全显露出来了。

"穗穗，我可以回家了，是吗？"淘淘突然有点伤感，她一直把能够早点回家作为前行的动力，但是在这个过程当中，她认识了很多朋友，现在能回家了，心里反倒涌起不舍。

"我会永远记得在这里遇到的故事、遇到的朋友、遇到的一切美好的事。文物、历史带给我的心潮澎湃、热血沸腾，会指引我更好地走向未来的。"淘淘暗下决心。

"是呀，淘淘，我也要走了，再见了，我的好朋友。"穗穗不舍地看着淘淘。

防空洞出口的门缓缓打开，射出强烈光芒，淘淘感觉自己被门猛地吸住，她捂住头害怕地叫了一下，下一秒就摔倒在地。

淘淘抬头一看，发现自己摔在了“穿粤记”游戏的棋盘上，她真的回来了！

“淘淘，没事吧？”淘淘妈妈看见女儿摔了，连忙上前查看。

是妈妈的声音！

“妈妈！”淘淘抱着妈妈哭了起来。

淘淘妈妈听见淘淘的哭声，心一下被揪了起来，以为淘淘伤到了哪儿，于是把淘淘的裤腿撩起，发现只是磕到的地方稍微有点红，不碍事。

淘淘想起来了，她是不小心踩到了碎石子，跌坐在地上，随后穿越到“穿粤记”的游戏空间的。

“妈妈，我没事，刚刚被吓到了。”淘淘啜泣道。

“穿粤记”游戏继续进行，淘淘凭借在游戏空间的“奇遇”，一路顺利闯关，最终以第一名胜出，获得了一个小奖杯。

韶华如驶。

多年后从事文物研究工作的淘淘，在整理研究资料时，余光瞥见摆放在书柜显眼处的小奖杯。她清楚地记得奖杯很轻，但也很重。

从那年的“镇海楼之夜”开始，研学历史、守护文物，她一直都在路上。

后记

《穿粤记——发现广州宝藏》儿童绘本由我馆卓泰然在原广播剧脚本的基础上增加了人物和故事情节，重新改编而成。宣教部副主任林晖负责原脚本的文物史料整理，广州趣至文化创意有限公司负责配图的绘制，宣教部谢佳璇与主任刘颖颖一起对全书绘图进行了审定，副馆长朱晓秋负责全书的组织策划、统筹以及审稿等工作。宣教部全体人员多次参与本书架构的讨论，本书可谓是我馆宣传教育从业人员集体智慧的结晶。

囿于编者水平有限，本书难免存在错漏，敬请专家同行批评指正。

广州博物馆

2023 年 12 月